AF554019

प्रतिनिधि कहानियाँ

राजेन्द्र सिंह बेदी

राजकमल प्रकाशन

ISBN : 978-81-267-0329-6

मूल्य : ₹ 395

पहला संस्करण : 1994
पाँचवाँ संस्करण : 2023

प्रकाशक : राजकमल प्रकाशन प्रा.लि.
1-बी, नेताजी सुभाष मार्ग, दरियागंज
नई दिल्ली-110 002
शाखाएँ : अशोक राजपथ, साइंस कॉलेज के सामने, पटना-800 006
पहली मंजिल, दरबारी बिल्डिंग, महात्मा गांधी मार्ग, प्रयागराज-211 001
1, अनमोल सोराबजी संतुक लेन, धोबी तलाव, मरीन लाइंस, मुम्बई-400 002
वेबसाइट : www.rajkamalprakashan.com
ई-मेल : info@rajkamalprakashan.com

मुद्रक : बी.के. ऑफसेट
नवीन शाहदरा, दिल्ली-110 032

PRATINIDHI KAHANIYAN
Representative Stories of Rajendra Singh Bedi

क्रम

कोखजली

घमंडी ने ज़ोर-ज़ोर से दरवाज़ा खटखटाया।

घमंडी की माँ उस वक़्त सिर्फ़ अपने बेटे के इंतिज़ार में बैठी थी। वह यह बात अच्छी तरह जानती थी कि पहले पहर की नींद के चूक जाने से अब उसे सर्दियों की पहाड़-ऐसी रात जागकर काटनी पड़ेगी। छत के नीचे लातादाद सरकंडे गिनने के अलावा टिड्डियों की उदास और परेशान करनेवाली आवाज़ों को सुनना होगा··· दरवाज़े पर ज़ोर-ज़ोर की दस्तक के बावजूद वह कुछ देर खाट पर बैठी रही। इसलिए नहीं कि वह सर्दी में घमंडी को बाहर खड़ा करके उसके घर में देर से आने की आदत के ख़िलाफ़ आवाज़ उठाना चाहती थी, बल्कि इसलिए कि घमंडी अब आ ही तो गया है।

यूँ भी बूढ़ी होने की वजह से उस पर एक क़िस्म का ख़ुशगवार आलकस, एक मीठी-सी बेहिसी छाई रहती थी। वह सोने और जागने के दरमियान मुअल्लक़ (लटकी) रहती। कुछ देर बाद माँ ख़मोशी से उठी, फिर से औंधी लेटकर उसने अपने पाँव चारपाई से दूसरी तरफ़ लटकाए और घसीटकर खड़ी हो गई। शमादान के क़रीब पहुँचकर उसने बत्ती को ऊँचा किया, फिर वापस आकर खाट के साँखे में छिपाई हुई हुलास की डिबिया निकाली और इत्मीनान से दो चुटकियाँ अपने नथुनों में रखकर दो गहरे साँस लिए और दरवाज़े की तरफ़ बढ़ने लगी। लेकिन तीसरी दस्तक पर यूँ मालूम हुआ, जैसे किवाड़ टूटकर ज़मीन पर आ रहेंगे।

''अरे थम जा, उजड़गए।'' माँ ने बरहम होकर कहा : ''मुझे इंतिज़ार दिखाता है और आप एक पल भी तो नहीं ठहर सकता।''

किवाड़ के बाहर घमंडी के कानों पर लिपटे हुए मफ़लर को चीरते हुए माँ के ये अल्फ़ाज़ घमंडी के कानों में पहुँचे, 'उजड़गए'।

माँ की यह गाली घमंडी को बहुत पसंद थी। माँ अपने बेटे के ब्याह का तज़करा करती और बेटा बज़ाहिर बेएतिनाई (उपेक्षा) का इज़हार करता। जब भी वह यही गाली देती थी। एक पल में घर को बसा देने और उजाड़ देने का माँ को ख़ास मलका (स्वभाव) था।

इस तौर पर उतावले होने का घमंडी को ख़ुद भी अफ़सोस हुआ। उसने मफ़लर से अपने कान अच्छी तरह ढाँप लिए और जेब से चुराए हुए मैक्रोपोलो का टुकड़ा सुलगाकर खड़ा हो गया। शायद 'आग' से क़रीब होने का एहसास उसे बेपनाह सर्दी से बचा ले। फिर वह मैक्रोपोलो को हवा में घुमाकर कुंडल बनाने लगा। यह घमंडी का महबूब मशग़ला था, जिससे उसकी माँ उसे 'अवगुन' बताया करती थी। लेकिन उस वक़्त कुंडल से न सिर्फ़ उसे तस्कीन मलहूज़े-ख़ातिर (ध्यान में) थी, बल्कि माँ के इन प्यारे अल्फ़ाज़ के ख़िलाफ़ एक छोटी-सी ग़ैर-महसूस बग़ावत भी।

सिगरेट का आवारा जुगनू हवा में घूमता रहा। घमंडी अब एक और दस्तक देना चाहता था, लेकिन उसे ख़ुद ही अपनी अहमक़ाना हरकत पर हँसी आ गई। 'वह लोग भी कितने अहमक़ होते हैं,' उसने सोचा : 'जो हर मुनासिब और नामुनासिब जगह अपना वक़्त ज़ाया करते रहते हैं। लेकिन जब उन्हें किसी जगह पहुँचना होता है तो वक़्त की सारी कसर साइकिल के तेज़ चलाने, या भाग-भागकर जान हलकान करने में लगा देते हैं...' और यह सोचते हुए घंमडी ने सिगरेट का एक कश लगाया और दरवाज़े के एक तरफ़ नाली के क़रीब दुबक गया।

धोबियों की कटड़ी में उगा हुआ गोंदनी का दरख़्त पछुवा के सामने झुक गया था। झुकाव की तरफ़, टहनियों में चाँद की हल्की-सी फाँक उलझी हुई दिखाई दे रही थी। माँ ने ज़रूर आज गले में दुपट्टा डालकर दुपट्टे के फोएँ एकुम के चाँद की तरफ़ फेंके होंगे। इसके बाद एकाएकी सायँ-सायँ की भयानक-सी आवाज़ बुलंद हुई। हवा, चाँद की फाँक और गोंदनी का दरख़्त मिल-जुलकर उसे डरानेवाले ही थे कि माँ ने दरवाज़ा खोल दिया।

''माँ...'' घमंडी ने कहा और ख़ुद दरवाज़े से एक क़दम पीछे हट गया। इससे एक लम्हा पहले वह अपने दाँतों को भींच रहा था।

''आ जा...'' माँ ने कुछ रुखाई से कहा और फिर बोली : ''आ जा भी, अब डरता क्यों है? तेरा क्या ख़याल है, मुझे पता नहीं चलेगा?''

घमंडी को एक मामूली-सा ख़याल आया कि माँ के मुँह में एक भी दाँत नहीं

है; लेकिन उसने अपने को सँभालते हुए कहा :

"किस बात का पता नहीं चलेगा ?"

"हूँ..." माँ ने दीए की बेबिज़ाअत (सामर्थ्यविहीन) रोशनी में सिर हिलाते और चिढ़ाते हुए कहा : "किसका पता नहीं चलेगा ?"

घमंडी को पता चल गया कि माँ से किसी बात का छुपाना अब्रस है। माँ, जो चौबीस साल तक एक शराबी की बीवी रही है... घमंडी का बाप जब भी दरवाज़े पर दस्तक दिया करता, माँ फ़ौरन जान लेती कि आज उसके मर्द ने पी रखी है, बल्कि दस्तक से उसे पीने की मिक़दार का भी अंदाज़ा हो जाता था। फिर घमंडी का बाप भी इसी तरह दुबके हुए दाख़िल होता। इसी तरह पछुआ के शोर को शर्मिंदा करते हुए... और यही कोशिश करता कि चुपके से सो जाए और उसकी औरत को पता न चले... लेकिन... लेकिन... शराब के मुताल्लिक़ घमंडी के माँ-बाप में एक अनलिखा और अनकहा समझौता था। दोनों एक-दूसरे को आँखों ही आँखों में समझ जाते थे। पीने के बाद घमंडी का बाप एक भी वाफ़िर (फालतू) लफ़्ज़ मुँह से न निकालता और उसकी माँ अपने मर्द को पीने के मुताल्लिक़ कुछ भी न जताती। वह चुपके से खाना निकालकर उसके सिराहने रख देती और सोने के पहले मामूल के ख़िलाफ़ पानी का एक बड़ा कटोरा चारपाई के नीचे रखकर ढाँप देती... सुबह होते ही अपने पल्लू से एक-आध सिक्का खोलकर घमंडी की तरफ़ फ़ेंक देती और कहती :

"ले, अधबिलोयां ले आ।"

और घमंडी अपने बाप के लिए शकर डलवाकर अधबिलोया दही ले आता, जिसे पीकर वह ख़ुश होता, रोता, तौबा करता और फिर 'हाथ से जन्नत न गई' को झुठलाता... घमंडी ने माँ के मुँह से यह बात सुनी और ख़िफ़्फ़त की हँसी हँसकर बोला :

"माँ... माँ ! तू कितनी अच्छी है..." फिर घमंडी को एक चक्कर आया। शराब पछुआ के झोंकों से और भी पुरअसर हो गई थी... सिगरेट का जुगनू जो अपनी फ़ासफ़ोरस खो चुका था, दूर फेंक दिया गया। और माँ का दामन पकड़ते हुए घमंडी बोला, "और लोगों की माँ उनकी बीवी होती है, लेकिन तू मेरी माँ ही माँ है।"

और दोनों मिलकर इस अहमक़ाना फ़िक़रे पर हँसने लगे। दरअसल इस छोकरे के ज़ेहन में बीवी का नक़्शा मुख़्तलिफ़ था। घमंडी समझता था, बीवी वह औरत होती है जो शराब पीकर घर आए हुए ख़ाविंद की जूतों से तवाज़े

करती है। कम-अज़-कम रोलिंग मिल्ज़ के मिस्तरी की बीवी, जिसके तहत घमंडी शागिर्द था; अपने शराबी शौहर से ऐसा ही सुलूक किया करती थी और इस क़िस्म के जूती-पैज़ार के क़िस्से आए दिन सुनने में आते थे। फिर कोई माँ भी अपने बेटे को इस क़िस्म की हरकत करते देखकर अच्छा सुलूक नहीं करती थी। बख़िलाफ़ उनके घमंडी की माँ, माँ थी। एक वसी (व्यापक) व अरीज़ (बड़े) दिल के मुतरादिफ़ (पर्याय) जिसके दिल की पिन्हाइयों में सब गुनाह छुप जाते थे... और अगर घमंडी के इस बज़ाहिर अहमक़ाना फ़िक़रे की अंदरूनी सेहत को तस्लीम कर लिया जाए तो उसकी मुतनाक़िज़ (अपूर्ण) शक्ल में घमंडी की माँ अपने शौहर की भी माँ थी।

बिस्तर पर धम्म-से बैठते हुए घमंडी ने अपने रबड़ के जूते उतारे। ये जूते सर्दियों में बर्फ़ और गर्मियों में अंगारा हो जाते थे। लेकिन इन जूतों को पहने हुए कौन कह सकता था कि घमंडी नंगे पाँव घूम रहा है... घमंडी ने हमेशा की तरह जूते उतारकर गर्म करने के लिए चूल्हे पर रख दिए। माँ फिर चिल्लाई।

''हे, मरे तेरी माँ, भगवान करे से... हे... गोरभोग ले तू को...''

लेकिन हिंदू धर्म भ्रष्ट होता रहता। माँ जूते उतारकर दूर कोने में फेंक देती। फिर बकती-झकती अपने दामन में एक चवन्नी बाँध घमंडी के सिरहाने पानी का एक बड़ा-सा कटोरा रख, मुतअफ़्फ़िन (बदबूदार) बिस्तर की आँतों में जा दुबकती।

हद हो गई... माँ ने दो-तीन मर्तबा सोचा, घमंडी ने बनवारी और रशीद की संगत छोड़ दी है। उसने घमंडी को शराब पीने से मना भी नहीं किया और न अपने औबाश संगी-संगाती के साथ घूमने से... माँ ने सोचा, शायद यह नर्मी के बर्ताव का असर है। लेकिन वह डर गई और जल्द-जल्द हुलास की चुटकियाँ अपने नथुनों में रखने लगी। अपने आपको मारने का उसके पास एक ही ज़रिया था, हुलास से अपने फेफड़ों को छलनी कर देना... लेकिन अब हुलास का कोई भी असर नहीं होता... इसी नर्मी से माँ ने अपने शौहर का मुँह भी बंद कर दिया था। उसकी शख़्सियत को कुचल दिया था और वह बेचारा कभी अपनी औरत की तरफ़ आँख भी नहीं उठा सकता था। इसी तरह घमंडी भी अपनी माँ के साथ हमकलाम होने से घबराता था। माँ ने उस बात को महसूस किया और फिर वही : ''तेरी माँ मरे भगवान करे से।''—लेकिन इस बात का उसे कोई हल न सूझ सका।

आज फिर छः बजे शाम घमंडी कारख़ाने से लौट आया। हालाँकि वह

नथुवा चौकीदार की आवाज़ के साथ मुहल्ले में दाख़िल होता था। इससे पहले वह कोई पुरानी तस्वीर देखने चला जाता। वादिया की मिस नादिया के गीत गाता और एक-दो साल से उसके पुरअस्रार तरीक़े से ग़ायब हो जाने के मुताल्लिक़ सोचता··· आज फिर इतनी जल्दी लौट आने से माँ के दिल में वस्वसे पैदा हुए··· उसने बेकार एक काम पैदा करते हुए कहा :

''ले तो बेटा··· ज़ीरा ले आ थोड़ा···''

''ज़ीरा?'' घमंडी ने पूछा : ''दही के लिए माँ?''

''और तो का तुम्हारे सर पे डालूँगी।'' माँ ने लाड़ से कहा और ज़रूरत से वाफ़िर पैसे देती हुई बोली : ''लो यह पैसे, ठेठर देखना।''

''मैं सनीमा नहीं जाऊँगा माँ!'' घमंडी ने सिर हिलाते हुए कहा : ''यही सैर-तमाशा तो हम लोगों को ख़राब करता है।''

माँ हैरान होकर अपने बेटे का मुँह तकने लगी। अभी ख़ैर से हाथ-पाँव भी नहीं खुले : ''इतनी दानिस की बातें करने से नज़र लग जाएगी रे···'' और दरअसल वह अपने बेटे को एक शराबी देखना चाहती थी। नहीं, शराबी नहीं शराबी से कुछ कम, जिससे तबाह हाल न हो जाए कोई। लेकिन यह भलमनसियत भी माँ को रास न आती थी। उसने कई अक़्लमंद बच्चे देखे थे जो अपनी उम्र के लिहाज़ से ज़्यादा अक़्लमंदी की बातें करते थे और उन्हें ईश्वर ने अपने पास बुला लिया था।

घमंडी ज़ीरा लाने के लिए उठ खड़ा हुआ। पैसे लेकर दरवाज़े तक पहुँचा। मश्कूक (शक्की) निगाहों से उसने दरवाज़े के बाहर झाँका। एक क़दम बाहर रखा, फिर पीछे की जानिब खींच लिया और बोला : ''बाहर चची खड़ी है और मुंशी भी है।''

''तो फिर का?'' माँ ने तेवरियों का त्रिशूल बनाते हुए कहा।

''फिर कुछ है,'' घमंडी बोला : ''मैं इनके सामने बाहर नहीं जाऊँगा।''

माँ ने समझाते हुए कहा : ''तूने मुंशी का कंठा उतार लिया है, जो बाहर नहीं जाता?''

लेकिन घमंडी बाहर नहीं गया। माँ मुँह में दुपट्टा डालकर खड़ी हो गई। माँ मुँह में दुपट्टा उस वक़्त डाला करती थी जबकि वह निहायत परेशान या हैरान होती थी। और अपने कलेजे में मुक्का उस वक़्त मारा करती थी जबकि बहुत ग़मगीन होती··· इससे पहले तो घमंडी किसी से शरमाया नहीं था। वह तो मुहल्ले की लौंडियों में डंड पेला करता था। औरतों के कूल्हों पर से बच्चे छीन

लेता और उन्हें खेलाता फिरता। और इसी अस्ना (दरम्यान) में औरतें घर का धंधा कर लेतीं और घमंडी को दुआएँ देतीं... और आज वह मुंशी और चची से भी झेंपने लगा था।

घमंडी ने वापस आते हुए अपने बाप के ज़माने का ख़रीदा हुआ एक फटा-पुराना मोमजामा नीचे बिछाया, और एक टूटा हुआ शीशा और राल सामने रखकर टाँगें फैला दीं। टाँगों पर चंद सख़्त-से फोड़ों पर उसने राल लगाई और फिर शीशे की मदद से मुँह पर रिसनेवाले फोड़े से पानी पोंछने लगा और फिर उस पर भी मरहम लगा दी। माँ ने अपनी धुँधली आँखों से मुँहवाले फोड़े का जायज़ा लेते हुए कहा : "हाय, कितना ख़ून ख़राब हो गया है तुम्हारा!" और फिर करंजवा और नीम के नुस्ख़े गिनाने लगी।

उस वक़्त तक बहुत रात हो गई थी। राल लगाने के बाद घमंडी मोमजामे पर ही दराज़ हो गया और लेटते ही उसने आँखें बंद कर लीं। आज माँ को भी जल्दी सो जाने का मौक़ा था लेकिन वह ऊँचे मूढ़े पर जूँ की तूँ बैठी रही। वह जानती थी कि बिस्तर में जा दुबकने पर वह निस्बतन बेहतर रहेगी, लेकिन एक ख़ुशगवार तसाहुल (आलस) ने उसे मूढ़े के साथ जकड़े रखा, और वहीं सिकुड़ती गई। उसका बुढ़ापा उस मीठी नींद के मानिंद था जिसमें पड़े हुए आदमी को सर्दी लगती हो और वह अपनी टाँगें समेटकर कलेजे से लगाता चला जाए... लेकिन पाँव में पड़े हुए लिहाफ को उठाने के लिए हिल न सके।

एकाएकी माँ चौंकी। उसे अपने बेटे की ख़ामोशी का पता चल गया था इस नीमख़्वाबी में बड़े-बड़े राज़ खुल जाते हैं। माँ ने कलेजे में मारने के लिए मुक्का हवा में उठाया, लेकिन वह वहीं का वहीं रुक गया और वह फिर एक हसीन ग़शी में खो गई। लेकिन उसे घमंडी और उसके साथ उसका बाप याद आता रहा और उसकी ख़ुश्क आँखों में दास्तानें छलकने लगीं। हवा के एक झोंके से दरवाज़े के पट खुल गए और एक सर्द बगूले के साथ बाहर से गोंदी और बेल के पत्ते गली में बिखरे हुए काग़ज़ों के साथ उड़कर अंदर चले आए। एक सूखा बेल कहीं से लुढ़कता हुआ दहलीज़ में उटक गया। घमंडी ने उठकर दरवाज़ा बंद करना चाहा लेकिन बेल को निकाले बग़ैर कामयाबी न हुई।

गोंदनी के शोर और झींगुरों की आवाज़ ने माँ के ख़ून को और मुंजमिद कर दिया (जमा दिया)। शमादान में दीए का शोला और मुतवाज़ी (समानांतर) हो रहा था। घमंडी ने कहा : "बिस्तर पर लेटेगी माँ?" लेकिन माँ ने नफ़ी (इनकार) में सिर हिला दिया। घमंडी ने सिर हिलाकर माँ को अपने बाज़ुओं में

उठा लिया और जूँ का तूँ खाट पर रखकर ऊपर लिहाफ़ दे दिया। माँ को ख़ुद पता नहीं था कि अगर वह वहीं पड़ी रहती तो सुबह तक सर्दी से अकड़ जाती। फिर वह कभी सीधी न होती और वहीं ख़त्म हो जाती।

माँ को बाज़ुओं में उठाए हुए शायद घमंडी ने कुछ भी महसूस न किया लेकिन माँ ने बड़ा हज़ (आनंद) उठाया और उसके बाद लिहाफ़ की गर्मी व नर्मी ने उसको हज़े-अकबर (श्रेष्ठ आनंद) में तब्दील कर दिया। कभी माँ ने बेटे को गोद में उठाया था! माँ ने सोचा और फिर हुलास की एक चुटकी नथुने में रखकर उसने ज़ोर से साँस लिया। वह हज़ की इस सतह पर आ चुकी थी, जहाँ मरकर इंसान उस ख़ुशी को दवाम करना चाहता है। आज उसके बेटे ने उसे गोदी में उठाया था और उसे बिस्तर की क़ब्र में रख दिया था। वह बिस्तर, जो क़ब्र हो न सका··· दुनिया में कोई औरत माँ के सिवा नहीं। अगर बीवी भी कभी माँ होती है तो बेटा भी माँ··· तो दुनिया में माँ और बेटे के सिवा और कुछ नहीं। औरत माँ है और मर्द बेटा··· माँ खिलाती है और बेटा खाता है··· माँ ख़ालिक (सर्जक) है और बेटा तख़लीक़ (सृजन)··· इस वक़्त वहाँ माँ थी और बेटा··· माँ, बेटा··· और दुनिया में कुछ न था।

माँ बदस्तूर ख़्वाब और बेख़्वाबी के दरमियान मुअल्लक थी। वह कुछ सोच रही थी, लेकिन उसके तख़य्युल की शक्लें बेक़ायदा होकर ख़्वाब के एक अँधेरे जोहड़ में डूब रही थीं। उसके गाँव के चंद मकान उसकी गली में आए थे, लेकिन किसी पुरअस्रार तरीक़े से इन मकानों के पीछे भी वही धोबियों का मुहल्ला आबाद था। वहाँ भी वही बिल और गोंदी के दरख़्त सायँ-सायँ कर रहे थे। अमावस की रात काजल हो रही थी और बेटे का चाँद इन ज़ुल्मतों (अँधेरों) को पाश-पाश (फैला) कर रहा था। उसका शौहर जिसे वह ग़लती से मरा हुआ तसव्वुर करती थी, ज़िंदा था और उससे सुबह के वक़्त 'अधबिलोए' की कटोरी माँग रहा था। उसे प्यास लगी थी। एक न पी हुई शराब के नशे से उसे बुरी तरह अज़ा-शिकनी (बदन-टूटना) हो रही थी लेकिन उसका ख़ाविंद तो मर चुका था। मरे हुए आदमी को कोई चीज़ देना घर में किसी और मुतनफ़्फ़िस (प्राणी) को ख़ुदा के घर भेज देने के मुतरादिफ़ (पर्याय) है लेकिन वह इनकार न कर सकी। वह बीवी थी और माँ। उसने अपने शौहर के मुँह के साथ लगा हुआ कटोरा छीन लिया। लेकिन क्यों? उसका शौहर मरा थोड़े ही था। वह सामने खड़ा था। वही कटा हुआ-सा होंठ जिसमें सोने के कीलवाला दाँत दिखाई दे रहा था। बड़ी-बड़ी मूँछें भी उस दाँत को ढाँपने से क़ासिर थीं।

दरवाज़े पर दस्तक सुनाई दी और माँ को महसूस हुआ, जैसे किसी ने उसे झंझोड़ दिया हो। उस वक़्त उसकी आँखों से एक ग़िलाफ़-सा उतरा, लेकिन उस पर एक और ग़िलाफ़ था जो उसके सारे बदन का अहाता किए हुए था। वह पड़ी रही··· पड़ी रही··· उसके पाँव जो कुछ देर पहले सर्द और लकड़ी की तरह सख़्त थे, कुछ गर्म हो गए थे, शायद घमंडी ने हमेशा की तरह रगड़-रगड़कर उसके पाँव गर्म किए थे। माँ अपने तख़य्युल में हँसी··· घमंडी भी उसे मरता देखना नहीं चाहता। बीवी आ जाए तो कुछ पता नहीं··· लेकिन अब इस घुन लगे हुए शरीर का क्या है ?···हुलास किधर गई··· माँ सो गई, लेकिन दरवाज़े पर दस्तक की आवाज़ बराबर सुनाई दे रही थी। बनवारी और रशीद भी फिर घमंडी को बुलाने आए थे। माँ को एक गुना तस्कीन हुई। घमंडी फिर ठीक हो जाएगा लेकिन दसगुना इज़्तिराब (दुख) हुआ। उनकी संगत फिर घमंडी को बिगाड़ देगी। उस वक़्त बुढ़िया को जाग आई··· जागते ही पहली बात जो माँ के ज़ेहन में आई, वह इस बात की ख़ुशी थी कि उसने घमंडी के बाप को अधबिलोए का कटोरा मुँह से लगाने नहीं दिया। अगरचे वह किस क़दर प्यासा था और उसका अज़्व-अज़्व (अंग-अंग) टूट रहा था और वह बड़ी इल्तिजा-आमेज़ (प्रार्थनापूर्ण) आँखों से उसकी तरफ़ देख रहा था। वह एक घूँट भी पी चुका था लेकिन माँ ने समझना चाहा कि उसने कुछ नहीं पिया और वह समझ गई। उसने दरवाज़े में खड़े अपने बेटे की तरफ़ देखा और इस क़दर धीमी आवाज़ में कहा : 'मैं सदक़े लाल' कि वह ख़ुद भी अपनी आवाज़ को सुन न सकी। उसी तरह उसने एक अनसुना बोसा हवा की लहरों में छोड़ दिया।

अपनी माँ को सोता देखकर घमंडी बाहर आ गया और बोला :

"मैं सनीमा के अलावा और कहीं नहीं जाऊँगा यार, कहे देता हूँ।"

"निकल बाहर साले," रशीद ने गाली बकते हुए कहा : "निकलता है या···"

माँ के दिमाग़ में टिड्डियों और झींगुरों की आवाज़ दूसरी आवाज़ों के साथ बराबर आ रही थी, अगरचे वह क़रीब-क़रीब सोई हुई थी। घंमडी ने बाहर से दरवाज़ा बंद किया और चला गया।

किसी ख़याल के आने से माँ उठकर बैठ गई। उसे फिर अपना शौहर याद आया और बेटा, जो शक्ल और आदत के लिहाज़ से अपना बाप हो रहा था लेकिन कमसिनी और बलूग़त के दरमियान ही था। चंद ही दिनों में बालिग़ हो जाएगा। फिर उसे लुगाई की ज़रूरत होगी। माँ ने दिल में कहा : 'मुझे पता है

अब घमंडी बाहर क्यों नहीं जाता ?'

माँ जानती थी, घमंडी अपने बाप से ज़्यादा हस्सास वाक़े हुआ है । जब वह पीकर आए तो उसे जता देना बड़ी मूरखाई है । और फिर अगली सुबह पल्लू से चवन्नी खोलकर देना भी तो एक चपत है⋯चपत⋯चुपचाप चपत⋯शराब पीकर आए हुए ख़ाविंद⋯बेटे से जूती-पैज़ार करना और चवन्नी खोलकर देना या सिरहाने के क़रीब पानी का कटोरा रख देना एक ही क़िस्म की बदसुलूकी तो है । बल्कि यह बात जूती-पैज़ार से कहीं ज़्यादा दिल-आज़ार (दिल दुखाने-वाली) है । इसीलिए घमंडी के बाप ने उसके सामने कभी आँख नहीं उठाई⋯बाप की शख़्सियत को कुचल देने की वही तो ज़िम्मेदार थीं और अब बेटे को मार रही है⋯माँ ने दिल में तहैया किया कि अब वह कभी अपने पल्लू में दही के लिए चवन्नी नहीं बाँधेगी और न सुराही सिरहाने के क़रीब रखेगी । और वह ख़ुद कुढ़ेगी लेकिन बेटे को कुछ नहीं कहेगी⋯उसे यह पता नहीं लगेगा कि मेरी माँ सबकुछ जान गई है⋯घमंडी के बाप का भी ख़याल था कि अगर घमंडी की माँ वावला या एहतिजाज (विरोध) करती तो उस वक़्त तो ज़रूर बुरा मालूम होता लेकिन आख़िर में कितनी आसानी रहती । पहले तो उस आदत से ख़लासी हो जाती और अगर यह लत रहती भी तो इसी क़दर शर्मिंदगी का मुँह देखना पड़ता । अब जबकि वह ख़ामोशी से पानी का कटोरा सिरहाने रख देती है और जल्दी-जल्दी हुलास नथुनों में डालती है तो सारा नशा हिरन हो जाता है⋯शायद घमंडी इस ताज़याने (कोड़े) की चोट न सह सका था और उसने शराब पीना और देर से घर आना तर्क कर दिया था⋯ख़ैर, आज से घमंडी पीकर आएगा तो वह कुछ नहीं समझेगी⋯कुछ नहीं कहेगी ।

रात के ग्यारह बजे हवा के झोंकों और गोंदी के पत्तों के साथ घमंडी भी दाख़िल हुआ । आज हवा घमंडी से ज़्यादा शोर मचा रही थी⋯माँ बदस्तूर छत की कड़ियाँ गिन रही थी और मन-ही-मन में कोई भूला-बिसरा बिछोड़ा गाकर नींद को भगा रही थी । घमंडी ने आते ही दोनों हाथों में फूँक मारी । हाथों को रगड़ा और माँ के पाँव थामते हुए बोला :

"माँ⋯"

और माँ को जागते हुए पाकर बोला :

"अरे ! तू सो क्यों न गई माँ ?"

माँ ने मुख़्तसिर-सा जवाब दिया :

"अब इन दीदों में नींद कहाँ रे घमंडी !"

लेकिन इससे आगे वह कुछ और न कह सकी। घमंडी बिल्कुल होश में बातें कर रहा था। आज उसने एक क़तरा भी तो नहीं पी थी। अब जो माँ ने कुछ न समझने का तहैया किया था, उसका क्या हुआ ? माँ सचमुच ही कुछ न समझ सकी... वह कुछ भी न जान सकी।

पतझड़ जो होनी थी सो हो चुकी थी। इस दफ़ा पुरवा के आख़िरी झोंके और तो कुछ न लाए एक मेहमान लेते आए। माँ ने घमंडी को बुलाते हुए कहा :

''बेटा ! ले यह चपनी बदल आ।''

मुहल्ले में चपनी बदलने की रस्म ख़ूब चलती थी। माँ पकी हुई सब्ज़ी चची के यहाँ भेज देती और वहाँ से ख़ाली बर्तन में पकी हुई तरकारी आ जाती। इस तबादले में बड़ी बचत थी। दूसरी सब्ज़ी बनाने की ज़हमत नहीं उठानी पड़ती थी और खाने में वह बात पैदा हो जाती थी। और चची की चपनी चलती भी ख़ूब थी। लेकिन घमंडी ने यूँ ही खड़े ऐसा सिर हिलाते हुए कह दिया :

''मैं अब बड़ा हो गया हूँ माँ, मैं कहीं नहीं जाने का।''

''लो एक नई मुसीबत।'' माँ ने कहा और ख़ुश होते हुए बोली : ''तू बड़ा हो गया है तो का ?''

इस वक़्त मेहमान कहीं बाहर गया हुआ था। घमंडी ने मोमजामा झिलंगे के क़रीब बिछा रखा था और उस पर वही राल लगा रहा था। इन फोड़ों को आराम आता था, पर न आता था। माँ ने दामन की हवा करते हुए रिसते हुए फोड़ों पर से मक्खियाँ उड़ाईं और बोली : ''तेरा तो ख़ून बिल्कुल ख़राब हो गया है।''

और दरअसल घमंडी का ख़ून ख़राब हो गया था। उसके बाप-दादा ने उसे पाक पवित्र ख़ून दिया था, लेकिन बेटे ने ख़ून में तेज़ाब डाल दिया और ख़ून फट गया। जिस्म भी साथ फटने लगा। कुछ मुजरिमाना निगाहों से घमंडी ने अपनी माँ की तरफ़ देखा और बोला : ''माँ, मुझे गर्मी हो गई।''

माँ के सारे तेवर सवाल की सूरत में उठ गए और उसने फ़क़त इतना कहा : ''काव ?''

घमंडी ने झिलंगे की लटकती हुई रस्सियों को थामते हुए कहा : ''यह रशीद की करतूत है,'' और बेइख़्तियार रोते हुए बोला : ''इसमें मेरा कोई क़सूर नहीं माँ !''

माँ ने एक दफ़ा फिर कहा, ''काव ?'' और घमंडी की हिद्दत (क्रोध) शोलाबार हो गई। उसने माँ को एक गाली देनी चाही, लेकिन रुक गया।

घमंडी अब ख़ुद भी चाहता था कि माँ को उसके आज़ार (बीमारी) का पता चल जाए। बेटे को रोते देखकर माँ ठिठकर रह गई। रोग तो जी के साथ लगा हुआ है, लेकिन इतना ख़ून ख़राब कभी किसी का नहीं हुआ... और उसने सोते में अपने मरहूम ख़ाविंद को अधबिलोया पिला दिया था।

मजबूर होकर घमंडी फिर बलूग़ (जवानी), गुमराह बलूग़ की दास्तान रोने लगा। आज से पचास साल पहले इस बलूग़ को ज़िंदगी के दरख़्त पर इस क़दर पकने नहीं दिया जाता था कि वह सड़कर अपने-आप नीचे गिर पड़े और फिर दुनिया जहान को मुतअफ़्फ़िन कर दे। माँ, जिसकी शादी दस साल की उम्र में हो गई थी, इस बात को नहीं जानती थी। जिस तरह बदन के इल्म से नावाक़िफ़ लोगों के लिए पीठ का हर हिस्सा कमर होता है, उसी तरह उस नावाक़िफ़, नासमझ और नादान माँ के लिए यह ख़ून की ख़राबी, गर्मी या कोढ़ से परे कुछ नहीं थी। और यह सबकुछ करंजवा, नीम और इसबग़ोल के 'सहर' के आगे न ठहर सकता था।

अब माँ 'काव' नहीं कहना चाहती थी, अगरचे उसे किसी बात की समझ नहीं आई थी। वह जानती थी, जबसे घमंडी का ख़ून ख़राब हुआ है वह बहुत मुतलव्वन (बेचैन) हो गया है। घर में चीज़ें फोड़ने लगता है और जो बहुत कुछ कहो तो अपना सिर फ़र्श पर दे मारता है।

माँ ख़ुद ही चपनी बदलने चली गई। घमंडी की चची ने अपने यहाँ पकी हुई तरकारी तो दे दी लेकिन उनके यहाँ पकी हुई चीज़ क़ुबूल न की। माँ का माथा ठनका। दस साल से वह रंडापा अकेली काट रही थी और उसने किसी शरीक के सामने सिर नहीं झुकाया था। आज जबकि वह कल के तमाम असूरार से वाक़िफ़ हो चुकी थी, भला क्यों झुक जाती? माँ अपनी देवरानी के साथ जी खोलकर लड़ी। देवरानी ने भी धत्ता बताया और कहा : "देखा है हमने, इतनी बड़ी नाक लिए फिरती है तो बेटे को सँभाला होता, जो बाज़ार में झक मारता फिरता है।"

माँ ठीक कहती थी कि : 'चपनी बदलने से घमंडी का ताल्लुक़? तू जो बरतना नहीं चाहती तो यूँ कह दे...' लेकिन दरअसल माँ को कोई बात समझ नहीं आती थी। ख़ून ख़राब घमंडी का हुआ है और वह गालियाँ रशीद और बनवारी को देता है। देवरानी बरतना मुझसे नहीं चाहती और सलवातें घमंडी को सुनाती है।

लेकिन मुहल्ले की दूसरी औरतें भी माँ को मतऊन (बदनाम) करती थीं।

माँ सख़्त परेशान हो रही थी। आख़िर मुंशी जी से लड़ाई हुई, उसने डाँटा कि अगर घमंडी ने हमारे मकान के इर्द-गिर्द पेशाब किया तो उससे बुरा कोई न होगा।

आख़िर मेहमान के समझाने से माँ को पता चल गया। उसने न सिर्फ़ अपना सिर पीटा बल्कि एक दोहत्थड़ बेटे के भी जमा दिया : "हाय! तूने बाप-दादा का नाम डुबो दिया है रे!"

पड़ोसन के साथ फिर लड़ाई हुई और माँ ने खरी-खरी सुना दी : "हरामखोर, तुझे वह दिन याद है जब तेरी जवान बहन हराम करवा के निकली थी बावा के घर... न अंधा देखा था न काना। करने की थी... और वहाँ जाकर घड़ा फोड़ दिया था जाने किस-किसका, गरीब ईसर के सिर पे...।" और घर आकर माँ घमंडी को कोसने देती। घमंडी जब सब हकीमों से मायूस होता तो माँ की हिकमत में आराम पाता था... लेकिन माँ उसे गालियाँ देती थी : "गोरभोग ले तू को।"

अब दुनिया घमंडी की आँखों में आबला (छाला) थी। एक बड़ा आबला जो उत्तर से दक्षिण और पूरब से पश्चिम तक फैला हुआ था और जिसमें पीप के दरिया रिस रहे थे।

रात हो गई। माँ झिलंगे में पड़ी अभी तक ठिनक रही थी : "यह बीमारी कहाँ से मोल ली रे मेरे दुसमन! सारा जिस्म फोड़े-फोड़े हो चुका है। यह बीमारी आग है निरी आग। यह अमीरों की दौलत है। मैं ग़रीब औरत इस आग को कैसे बुझाऊँ?... मैं वैदों को क्या बताऊँ? मैं तुम्हारी माँ हूँ रे घमंडी! शरीक मुझे ताना देते हैं। पड़ोसी मुझे खड़ा कर लेते हैं और अजीब बेढंगे सवाल करते हैं रे!"

घमंडी क़रीब पड़ा हर क़िस्म के शर्मो-हया से बेनियाज़ एकटक छत की तरफ़ देख रहा था। छत में लगे हुए नरकल उसकी आँखों में उतर आए थे और झींगुर उसके दिमाग़ में बोलने लगे थे। अब तक हवा के झोंकों में तलख़ी की नुमायाँ रमक़ पैदा होकर उसके जिस्म के ईंधन में और शोले पैदा कर रही थी। किवाड़ भी खुले हुए थे। गोंदी समूम के झोंकों में कराह रही थी और आसमान पर बदनुमा दाग़ोंवाला आतशकज़दा (गर्मी के रोग से पीड़ित) चाँद अपनी यरक़ानी (पीलियाग्रस्त) नज़रों से ज़मीन की तरफ़ देख रहा था... उसके बाद घमंडी की आँखों में पेट की तख़मीर ने एक ग़ैरमुरई धुंध-सी फैला दी। उसकी पलकें बोझल होना शुरू हुईं। नरकल छत पर चले गए। झींगुरों ने ज़बान बंद

कर ली। फोड़े रिसने बंद हो गए···

सब दुनिया सो रही थी, लेकिन माँ जाग रही थी। उसने बीस के क़रीब हुलास की चुटकियाँ नथुनों में रख लीं और उठ खड़ी हुई। दाएँ हाथ से उसने दीया उठाया और घिसटती हुई अपने बेटे के पास पहुँची। आहिस्ता-आहिस्ता उसके बालों में हाथ फेरने लगी। घमंडी सोया हुआ था, लेकिन माँ की शफ़्क़त उसके रोएँ-रोएँ में तस्कीन पैदा कर रही थी। माँ ने बेटे की तरफ़ देखा, मुस्कराई और बोली, "मैं सदके, मैं वारी···दुनिया जलती है तो जला करे, मेरा लाल जवान हो गया है ना ? इसीलिए···हाय मरे तेरी माँ भगवान करे से···"

गरम कोट

मैंने देखा है, मैराजुद्दीन टेलर मास्टर की दूकान पर बहुत-से उम्दा-उम्दा सूट आवेज़ाँ (लटके) होते हैं। उन्हें देखकर अक्सर मेरे दिल में ख़याल पैदा होता है कि मेरा अपना गरम कोट बिल्कुल फट गया है और इस साल हाथ तंग होने के बावजूद मुझे एक नया गरम कोट ज़रूर सिलवा लेना चाहिए। टेलर मास्टर की दूकान के सामने से गुज़रने या अपने महकमे के तफ़रीह के क्लब में जाने से गुरेज़ करूँ तो मुमकिन है मुझे गरम कोट का ख़याल भी न आए, क्योंकि क्लब में जब संता सिंह और यजदानी के कोटों के नफ़ीस वर्सटिड मेरे समंदे-तख़य्युल (भावनाओं के घोड़े) पर ताज़ियाने (कोड़े) लगाते हैं तो मैं अपने कोट की बोसीदगी को शदीद तौर पर महसूस करने लगता हूँ। यानी वह पहले से कहीं ज़्यादा फट गया है।

बीवी-बच्चों को पेट भर रोटी खिलाने के लिए मुझ-से मामूली क्लर्क को अपनी बहुत-सी ज़रूरियात तर्क करना पड़ती हैं और उन्हें जिगर तक पहुँचती हुई सर्दी से बचाने के लिए ख़ुद मोटा-झोटा पहनना पड़ता है... यह गरम कोट मैंने पारसाल देहली दरवाज़े से बाहर पुराने कोटों की एक दूकान से मोल लिया था। कोटों के सौदागर ने पुराने कोटों की सैकड़ों गाँठें किसी मरानजा, मरानजा एंड कंपनी कराची से मँगवाई थीं। मेरे कोट में नक़ली सिल्क के अस्तर से बनी हुई अंदरूनी जेब के नीचे मरानजा, मरानजा एंड को. का लेबिल लगा हुआ था। मगर कोट मुझे मिला बहुत सस्ता। महँगा रोए एक बार सस्ता रोए बार-बार... और मेरा कोट हमेशा ही फटा रहता था।

इसी दिसंबर की एक शाम को तफ़रीह-क्लब से वापस आते हुए मैं इरादतन अनारकली में से गुज़रा। उस वक़्त मेरी जेब में दस रुपए का नोट था। आटा, दाल, ईंधन, बिजली बीमा कंपनी के बिल चुका देने पर मेरे पास वही दस का नोट बच रहा था... जेब मे दाम हों तो अनारकली में से गुज़रना मायूब (बरा)

नहीं। उस वक़्त अपने आप पर गुस्सा भी नहीं आता। बल्कि अपनी ज़ात कुछ भली मालूम होती है। उस वक़्त अनारकली में चारों तरफ़ सूट ही सूट नज़र आ रहे थे और साड़ियाँ ··· चंद साल से हर नत्थू खैरा सूट पहनने लगा है। मैंने सुना है गुज़िश्ता चंद साल में कई टन सोना हमारे मुल्क से बाहर चला गया है। शायद इसीलिए लोग जिस्मानी ज़ेबाइश (श्रृंगार) का ख़याल भी बहुत ज़्यादा रखते हैं। नए-नए सूट पहनना और खूब शान से रहना हमारे इफ़्लास (निर्धनता) का बदीही (स्पष्ट) सुबूत है। वर्ना जो लोग सचमुच अमीर हैं, ऐसी शानो-शौकत और ज़ाहिरी तकल्लुफ़ात (औपचारिकताएँ) की चंदाँ (तनिक) परवाह नहीं करते।

कपड़े की दूकान में वर्सटेड के थानों के थान खुले पड़े थे। उन्हें देखते हुए मैंने सोचा, 'क्या मैं इस महीने के बचे हुए दस रुपयों में से कोट का कपड़ा ख़रीदकर बीवी-बच्चों को भूखा मारूँ ?' लेकिन कुछ अर्से के बाद मेरे दिल में नए कोट के नापाक ख़याल का रद्देअमल शुरू हुआ। मैं अपने पुराने गरम कोट का बटन पकड़कर उसे बल देने लगा। चूँकि तेज़-तेज़ चलने से मेरे जिस्म में हरारत आ गई थी, इसलिए मौसम की सर्दी और इस क़िस्म के ख़ारजी असरात (बाह्य प्रभाव) मेरे कोट ख़रीदने के इरादे को पाए-तकमील (पूर्णता) तक पहुँचाने से क़ासिर (असमर्थ) रहे। मुझे तो उस वक़्त अपना वह कोट भी सरासर तकल्लुफ़ नज़र आने लगा।

ऐसा क्यों हुआ ? मैंने कहा है कि जो शख़्स हक़ीक़तन अमीर हों, वह ज़ाहिरी शान की चंदाँ फ़िक्र नहीं करते ! जो लोग सचमुच अमीर हों उन्हें तो फटा हुआ कोट, बल्कि क़मीस भी तकल्लुफ़ में दाख़िल समझनी चाहिए। तो क्या मैं सचमुच अमीर था कि··· ?

मैंने घबराकर ज़ाती तज़ज़िया (वैयक्तिक विश्लेषण) छोड़ दिया और बमुश्किल दस का नोट सही-सलामत लिए घर पहुँचा।

शमी, मेरी बीवी, मेरी मुंतज़िर थी।

आटा, गूँधते हुए उसने आग फूँकनी शुरू कर दी··· कमबख़्त मंगल सिंह ने इस दफ़ा लकड़ियाँ गीली भेजी थीं। आग जलने का नाम ही नहीं लेती थी। ज़्यादा फूँकें मारने से गीली लकड़ियों में से ज़्यादा धुआँ उठता। शमी की आँखें लाल अँगारा हो गईं। उनसे पानी बहने लगा।

"कमबख़्त कहीं का··· मंगल सिंह", मैंने कहा : "इन पुरनम आँखों के लिए मंगल सिंह तो क्या मैं तमाम दुनिया से जंग करने पर आमादा हो जाऊँ···"

बहुत तगो-दो के बाद लकड़ियाँ अहिस्ता-आहिस्ता चटख़ने लगीं। आख़िर इन पुरनम आँखों के पानी ने मेरे गुस्से की आग बुझा दी... शमी ने मेरे शाने पर सिर रखा और मेरे फटे हुए गरम कोट में पतली-पतली उँगलियाँ दाख़िल करती हुई बोली:

''अब तो यह बिल्कुल काम का नहीं रहा।''

मैंने धीमी आवाज़ से कहा, ''हाँ!''

''सी दूँ?... यहाँ से...''

''सी दो। अगर कोई एक-आध तार निकालकर रफ़ू कर दो तो क्या कहने हैं।''

कोट को उलटाते हुए शमी बोली: ''अस्तर को तो मुई टिड्डियाँ चाट रही हैं... नक़ली रेशम का है ना... ये देखिए।''

मैंने शमी से अपना कोट छीन लिया और कहा: ''मशीन के पास बैठने की बजाय तुम मेरे पास बैठो शमी... देखती नहीं हो दफ़्तर से आ रहा हूँ। यह काम तुम उस वक़्त कर लेना जब मैं सो जाऊँ!''

शमी मुस्कराने लगी।

शमी की वह मुस्कराहट और मेरा फटा हुआ कोट!

शमी ने कोट को ख़ुद ही एक तरफ़ रख दिया। बोली: ''मैं ख़ुद भी इस कोट की मरम्मत करते-करते थक गई हूँ...'' उसे मरम्मत करने में इस गीले ईंधन को जलाने की तरह जान मारनी पड़ती है। आँखें दुखने लगती हैं:

''आख़िर आप अपने कोट के लिए कपड़ा क्यों नहीं ख़रीदते?''

मैं कुछ देर सोचता रहा।

यूँ तो मैं अपने कोट के लिए कपड़ा ख़रीदना गुनाह ख़याल करता था, मगर शमी की आँखें... उन आँखों को तकलीफ़ से बचाने के लिए मैं मंगल सिंह तो क्या तमाम दुनिया से जंग करने पर आमादा हो जाऊँ। वर्सटेड के थानों के थान ख़रीद लूँ। नए गरम कोट के लिए कपड़ा ख़रीदने का ख़याल दिल में पैदा हुआ ही था कि पुष्पामणि भागती हुई कहीं से आ गई, आते ही बरामदे में नाचने और गाने लगी। उसकी हरकात कथकली मुद्रा से ज्यादा कैफ़-अंगेज़ (आह्लादकारी) थीं।

मुझे देखते हुए पुष्पामणि ने अपना नाच और गाना ख़त्म कर दिया। बोली:

''बाबू जी, आप आ गए? आज बड़ी बहन जी (उस्तानी) ने कहा था—मेज़पोश के लिए दसूती लाना और गरम कपड़े पर काट सिखाई जाएगी।

गुनिया माप के लिए और गरम कपड़ा…"

चूँकि इस वक़्त मेरे गरम कोट ख़रीदने की बात हो रही थी, शमी ने ज़ोर से एक चपत उसके मुँह पर लगाई और बोली :

"इस जनमजली को हर वक़्त कुछ न कुछ ख़रीदना ही होता है… मुश्किल से उन्हें कोट सिलवाने पर राज़ी कर रही हूँ…"

वह पुष्पामणि का रोना और मेरा नया कोट !

मैंने ख़िलाफ़े-आदत ऊँची आवाज़ से कहा : "शमी !"

शमी काँप गई। मैंने ग़ुस्से से आँखें लाल करते हुए कहा : "मेरे इस कोट की मरम्मत कर दो… अभी… किसी तरह करो… ऐसे जैसे रो-पीटकर मंगल सिंह की गीली लकड़ियाँ जला लेती हो… तुम्हारी आँखें ! हाँ, याद आया… देखो तो पुष्पामणि कैसे रो रही है। पोपी बेटा, इधर आओ ना, इधर आओ मेरी बच्ची ! क्या कहा था तुमने ? बोलो तो… दसूती ? गुनिया माप के लिए और काट सीखने को गरम कपड़ा ?… बच्चू नन्हा भी तो ट्राइसिकल का राग अलापता और ग़ुब्बारे के लिए मचलता सो गया होगा। उसे ग़ुब्बारा न ले दोगी तो मेरा कोट सिल जाएगा ना ? कितना रोया होगा बेचारा… शमी ! कहाँ है बच्चू ?" बच्चू आ गए—आँधी और बारिश की तरह शोर मचाते हुए।

मैंने शमी को ख़ुश करने के लिए नहीं बल्कि यूँ ही काफ़ूरी रंग के मीनाकार काँटे सबसे पहले लिखे। अचानक रसोई की तरफ़ मेरी नज़र उठी—चूल्हे में लकड़ियाँ धड़-धड़ जल रही थीं और इधर शमी की आँखें भी दो चमकते हुए सितारों की तरह रौशन थीं। मालूम हुआ कि मंगल सिंह गीली लकड़ियाँ वापस ले गया है।

"वह शहतूत के डंडे जल रहे हैं और खोखा…" शमी ने कहा।

"और उपले ?"

"जी हाँ, उपले भी…"

"मंलग सिंह देवता है… शायद मैं भी जल्दी ही गरम कोट के लिए अच्छा-सा वर्सटेड ख़रीद लूँ ताकि तुम्हारी आँखें यूँ ही चमकती रहें। इन्हें तकलीफ़ न हो… इस माह की तनख़्वाह में तो गुंजाइश नहीं, अगले म्हीने ज़रूर… ज़रूर…"

"जी हाँ, जब सर्दी गुज़र जाएगी…"

पुष्पामणि ने कई चीज़ें लिखाईं। दसूती, गुनिया माप के लिए गरम ब्लेज़र सब्ज़ रंग का, एक गज़ मुरब्बा डी. एम. सी. के गोले, गोटे की मग़ज़ी… और

इमरतियाँ और बहुत से गुलाबजामुन… । मुई ने सबकुछ ही तो लिखवा दिया। मुझे दाइमी क़ब्ज़ था । मैं चाहता था कि यूनानी दवाख़ाने से इत्रीफ़ल ज़मानी का एक डिब्बा भी ला रखूँ । दूध के साथ थोड़ा-सा खाकर सो जाया करूँगा । मगर मुई पुष्पा ने उसके लिए गुंजाइश ही कहाँ रखी थी ! और जब पुष्पामणि ने कहा, 'गुलाबजामुन', तो उसके मुँह में पानी भर आया । मैंने कहा, सबसे ज़रूरी चीज़ तो यही है… शहर से वापस आने पर गुलाबजामुन वहाँ छुपा दूँगा, जहाँ सीढ़ियों में बाहर जमादार अपना दूध का कलसा रख दिया करता है और पुष्पा से कहूँगा कि मैं तो लाना ही भूल गया तुम्हारे लिए गुलाबजामुन… ओहो !… उस वक़्त उसके मुँह में पानी भर आएगा और गुलाबजामुन न पाकर उसकी अजीब कैफियत होगी ।

फिर मैंने सोचा. बच्चू भी तो सुबह से ग़ुब्बारे और ट्राइसिकल के लिए ज़िद कर रहा था । मैंने एक मर्तबा अपने आपसे सवाल किया, "इत्रीफ़ल ज़मानी ?" शमी बच्चू को पुचकारते हुए कह रही थी, "बच्चू बेटी के ट्राइसिकल ले दूँगी अगले महीने… बच्चू बेटी सारा दिन चलाया करेगी ट्राइसिकल… पोपी मुन्ना नहीं लेगा…"

'बच्चू चलाया करेगी और पोपी मुन्ना नहीं लेगा !'… और मैंने शमी की आँखों की क़सम खाई कि जब तक ट्राइसिकल के लिए छः-सात रुपए जेब में न हों, मैं नीले गुंबद के बाज़ार से नहीं गुज़रूँगा । इसलिए कि दाम न होने की सूरत में नीले गुंबद के बाज़ार से गुज़रना बहुत मायूब है । ख़्वाहमख़्वाह अपने आप पर ग़ुस्सा आएगा, अपनी ज़ात से नफ़रत पैदा होगी ।

इस वक़्त शमी बैलजियमी आईने की बैज़वी टुकड़ी के सामने अपने काफ़ूरी सफ़ेद सूट में खड़ी थी । मैं चुपके से उसके पीछे जा खड़ा हुआ और कहने लगा : "मैं बताऊँ तुम इस वक्त क्या सोच रही हो !"

"बताओ तो जानूँ !"

"तुम सोच रही हो, काफ़ूरी सफ़ेद सूट के साथ वह काफ़ूरी रंग के मीनाकार काँटे पहनकर ज़िलेदार की बीवी के यहाँ जाऊँ तो दंग रह जाए ।"

"नहीं तो," शमी ने हँसते हुए कहा : "आप मेरी आँखों से प्यार करते तो कभी का गर्म…"

मैंने शमी के मुँह पर हाथ रख दिया । मेरी तमाम ख़ुशी बेबसी में बदल गई । मैंने आहिस्ता से कहा, "…बस…इधर देखो…अगले महीने ज़रूर ख़रीद लूँगा…"

"जी हाँ, जब सर्दी..."

...फिर मैं अपनी उस हसीन दुनिया को, जिसकी तख़लीक़ पर, महज़ दस रुपए सर्फ़ होते थे, तसव्वुर में बसाए बाज़ार चला गया।

मेरे सिवा अनारकली से गुज़रनेवाले हर ज़ी-इज़्ज़त (इज़्ज़तदार) आदमी ने गरम सूट पहन रखा था। लाहौर के एक लहीम-शहीम जैंटिलमैन की गर्दन नेकटाई और मुकल्लफ़ कालर के सबब मेरे छोटे भाई के पालतू कुत्ते 'टाइगर' की गर्दन की तरह अकड़ी हुई थी। मैंने उन सूटों की तरफ़ देखते हुए कहा :

"लोग सचमुच मुफ़लिस हो गए हैं! इस महीने न मालूम कितना सोना-चाँदी हमारे मुल्क से बाहर चला गया है।" काँटों की दूकान पर मैंने कई जोड़ियाँ काँटे देखे। अपनी तख़य्युल की पुख़्ताकारी से मैं शमी की काफ़ूरी सफ़ेद सूट में मलबूस ज़ेहनी तस्वीर को काँटे पहनाकर पसंद या नापसंद कर लेता! काफ़ूरी सफ़ेद सूट...काफ़ूरी मीनाकार काँटे...कसरते-अक़साम (वेराइटीज़) के बायस (कारण) मैं एक भी मुंतख़िब (चयन) न कर सका।

उस वक़्त बाज़ार में मुझे यज़दानी मिल गया। वह तफ़रीह-क्लब से जो दरअसल परेल क्लब थी, पंद्रह रुपए जीतकर आया था। आज उसके चेहरे पर अगर सुर्ख़ी बशाशत की लहरें दिखाई देती थीं तो कुछ ताज्जुब की बात न थी। मैं एक हाथ से अपनी जेब की सलवटों को छुपाने लगा। निचली बाईं जेब पर एक रुपए के बराबर कोट से मिलते हुए रंग का पेबंद बहुत ही नामौज़ूँ दिखाई दे रहा था...मैं उसे भी एक हाथ से छुपाता रहा। फिर मैंने दिल में कहा, 'क्या अजब, यज़दानी ने मेरे शाने पर हाथ रखने से पहले मेरी जेब की सलवटें और वह रुपए बराबर कोट के रंग का पेबंद देख लिया हो...' उसका भी रद्दे-अमल शुरू हुआ और मैंने दिलेरी से कहा :

'मुझे क्या परवा है...यज़दानी मुझे कौन-सी थैली बख़्श देगा...और इसमें बात ही क्या है? यज़दानी और संतासिंह ने बारहा मुझसे कहा है कि वह रिफ़अते-ज़ेहनी (उच्च विचार) की ज़्यादा परवा करते हैं और वर्सटेड की कम। मुझसे कोई पूछे। मैं वर्सटिड की ज़्यादा परवा करता हूँ और रिफ़अते-ज़ेहनी की कम!'

यज़दानी रुख़्सत हुआ और जब तक वह नज़र से ओझल न हो गया, मैं ग़ौर से उसके कोट के नफ़ीस वर्सटिड को पुश्त की जानिब से देखता रहा।

फिर मैंने सोचा कि सबसे पहले मुझे पुष्पामणि के गुलाबजामुन और इमरतियाँ ख़रीदनी चाहिए। कहीं वापसी पर सचमुच भूल ही न जाऊँ। घर

पहुँचकर उन्हें छुपाने से ख़ूब तमाशा रहेगा। मिठाई की दूकान पर खौलते रोग़न (तेल) में कचौरियाँ ख़ूब फूल रही थीं। मेरे मुँह में पानी भर आया। इस तरह, जैसे गुलाबजामुन के तख़य्युल से पुष्पामणि के मुँह में पानी भर आया था। क़ब्ज़ और इत्रीफ़ल ज़मानी के ख़याल के बावजूद मैं सफ़ेद पत्थर की मेज़ पर कोहनियाँ टिकाकर बहुत रग़बत (रुचि) से कचौरियाँ खाने लगा।

हाथ धोने के बाद जब पैसों के लिए जेब टटोली तो उसमें कुछ भी न था! दस का नोट कहीं गिर गया था।

कोट की अंदरूनी जेब में एक बड़ा सूराख़ हो रहा था। नक़ली रेशम को टिड्डियाँ चाट गई थीं। जेब में हाथ डालने पर उस जगह जहाँ मरानजा, मरानजा एंड कंपनी का लेबिल लगा हुआ था, मेरा हाथ बाहर निकल आया। नोट वहीं से बाहर गिर गया होगा।

एक लम्हे में यूँ दिखाई देने लगा, जैसे कोई भोली-सी भेड़ अपनी ख़ूबसूरत, मुलायम-सी ऊन उतर जाने पर दिखाई देने लगती है।

हलवाई भाँप गया। ख़ुद ही बोला :

"कोई बात नहीं बाबू जी, पैसे कल आ जाएँगे।"

मैं कुछ न बोला...कुछ बोल ही न सका।

सिर्फ़ इज़हारे-तशक्कुर (कृतज्ञता-ज्ञापन) के लिए मैंने हलवाई की तरफ़ देखा। हलवाई के पास ही गुलाबजामुन चाशनी में डूबे पड़े थे। रोग़न में फूलती हुई कचौरियों के धुएँ में से आतशी सुर्ख़ इमरतियाँ जिगर पर दाग़ लगा रही थीं। और ज़ेहन में पुष्पामणि की धुँधली-सी तस्वीर फिर गई।

मैं वहाँ से बादामी बाग़ की तरफ़ चल दिया और आध-पौन घंटे के क़रीब बादामी बाग़ की रेलवे लाइन के साथ-साथ चलता रहा। इस अर्से में जंक्शन की तरफ़ से एक मालगाड़ी आई। उसके पाँच मिनट बाद एक शंट करता हुआ इंजन, जिसमें से दहकते हुए सुर्ख़ कोयले लाइन पर गिर रहे थे...मगर उस वक़्त क़रीब ही की साल्ट रिफ़ाइनरी में से बहुत से मज़दूर ओवर टाइम लगाकर लौट रहे थे...मैं लाइन के साथ-साथ दरिया के पुल की तरफ़ चल दिया। चाँदनी रात में सर्दी के बावजूद कॉलेज के चंद मनचले नौजवान किश्ती चला रहे थे।

'क़ुदरत ने अजीब सज़ा दी है मुझे,' मैंने कहा : 'पुष्पामणि के लिए गोटे की मग़ज़ी, दोसूती, गुलाबजामुन और शमी के लिए काफ़ूरी मीनाकार काँटे ख़रीदने से बढ़कर कोई गुनाह सरज़द हो सकता है? किस बेरहमी और बेदर्दी से मेरी एक हसीन मगर बहुत सस्ती दुनिया बरबाद कर दी गई है। जी तो चाहता है कि

मैं भी क़ुदरत का एक शाहकार तोड़-फोड़कर रख हूँ...' मगर पानी में किश्तीराँ लड़का कह रहा था :

"इस मौसम में तो रावी का पानी घुटने-घुटने से ज़्यादा कहीं नहीं होता।"

"सारा पानी तो ऊपर से अपर बारी दोआब ले लेती है। और यूँ भी आजकल पहाड़ों पर बर्फ़ नहीं पिघलती।" दूसरे ने कहा।

मैं नाचार घर की तरफ़ लौटा और निहायत बेदिली से ज़ंजीर हिलाई।

मेरी ख़्वाहिश और अंदाज़े के मुताबिक़ पुष्पामणि और बच्चू नन्हा बहुत देर हुई दहलीज़ से उठकर बिस्तरों में जा सोए थे। शमी चूल्हे के पास शहतूत के नीम-जान कोयलों को तापती हुई कई मर्तबा ऊँघी और कई मर्तबा चौंकी थी। वह मुझे ख़ाली हाथ देखकर ठिठक गई। उसके सामने मैंने चोर जेब के अंदर हाथ डाला और लेबिल के नीचे से निकाल लिया। शमी सबकुछ समझ गई। वह कुछ न बोली...कुछ बोल ही न सकी।

मैंने कोट खूँटी पर लटका दिया। मेरे पास ही दीवार का सहारा लेकर शमी बैठ गई और हम दोनों सोए हुए बच्चों और खूँटी पर लटके हुए गर्म कोट को देखने लगे।

अगर शमी ने मेरा इतज़ार किए बग़ैर वह काफ़ूरी सूट बदल दिया होता तो शायद मेरी हालत इतनी मुतग़ैय्यिर (बदली हुई) न होती।

यज़दानी और संतासिंह तफ़रीह-क्लब में परेल खेल रहे थे। उन्होंने दो-दो घूँट पी भी रखी थी। मुझसे भी पीने के लिए इसरार करने लगे। मगर मैंने इनकार कर दिया। इसलिए कि मेरी जेब में दाम न थे। संतासिंह ने अपनी तरफ़ से एक-आध घूँट ज़बर्दस्ती मुझे भी पिला दिया। शायद इसलिए कि वह जान गए थे कि इसके पास पैसे नहीं हैं। या शायद इसलिए कि वह रिफ़अते-ज़ेहनी (उच्चविचार) की वर्सटिड से ज़्यादा परवा करते थे।

अगर मैं घर में उस दिन शमी को वही काफ़ूरी सफ़ेद सूट पहने हुए देखकर न आता तो शायद परेल में क़िस्मत आज़माई करने को मेरा जी भी न चाहता। मैंने सोचा, काश! मेरी जेब में भी एक-दो रुपए होते...क्या अजब था कि मैं बहुत-से रुपए बना लेता...मगर मेरी जेब में तो कुल पौने चार आने थे।

यज़दानी और संतासिंह निहायत उम्दा वर्सटिड के सूट पहने नेक आलम (क्लब के सैक्रेटरी) से झगड़ रहे थे। नेक आलम कह रहा था कि वह तफ़रीह-क्लब को परेल क्लब और 'बार' बनते हुए कभी नहीं देख सकता। उस वक़्त

मैंने एक मायूस आदमी के मख़सूस अंदाज़ में जेब में हाथ डाला और कहा. ''बीवी- बच्चों के लिए कुछ ख़रीदना क़ुदरत के नज़दीक गुनाह है । इस हिसाब से परेल ख़ेलने के लिए तो उसे अपनी गिरह से दाम देने चाहिए ! ही ही ···ग़ी ग़ी···''

अंदरूनी कीसा···बाईं निचली जेब···कोट में पुश्त की तरफ़ मुझे काग़ज़ सरकता हुआ मालूम हुआ । उसे सरकाते हुए मैंने दाईं जेब के सूराख़ के नज़दीक जा निकाला ।

···वह दस रुपए का नोट था जो उस दिन अंदरूनी जेब की तह के सूराख़ में से गुज़रकर कोट के अंदर-ही-अंदर गुम हो गया था ।

उस दिन मैंने क़ुदरत से इंतक़ाम लिया । मैं इसकी ख़्वाहिश के मुताबिक़ परेल-वरेल न खेला । नोट को मुट्ठी में दबाए घर की तरफ़ भागा । अगर उस दिन मेरा इंतज़ार किए बग़ैर शमी ने वह काफ़ूरी पर्स बदल दिया होता तो मैं ख़ुशी से यूँ दीवाना कभी न होता ।

हाँ, फिर चलने लगा वही तख़य्युल का दौर । गोया एक हसीन से हसीन दुनिया की तख़लीक़ में दस रुपए से ऊपर एक दमड़ी भी ख़र्च नहीं आती । जब मैं बहुत-सी चीज़ों की फ़ेहरिस्त बना रहा था, शमी ने मेरे हाथ से काग़ज़ छीनकर पुर्ज़े-पुर्ज़े कर दिया और बोली :

''इतने क़िले मत बनाइए···फिर नोट को नज़र लग जाएगी ।''

'शमी ठीक कहती है ।' मैंने सोचते हुए कहा, 'न तख़य्युल इतना रंगीन हो और न महरूमी से इतना दुख पहुँचे ।'

फिर मैंने कहा : ''एक बात है शमी ! मुझे डर है कि नोट फिर कहीं मुझसे गुम न हो जाए···तुम्हारी खेमो पड़ोसन बाज़ार जा रही है, उसके साथ जाकर तुम यह सब चीज़ें ख़ुद ही ख़रीद लाओ···काफ़ूरी मीनाकारी काँटे···डी. एम. सी. के गोले, मग़ज़ी···और देखो, पोपी-मुन्ना के लिए गुलाबजामुन ज़रूर लाना··· ज़रूर···''

शमी ने खेमो के साथ जाना मंज़ूर कर लिया और उस शाम शमी ने कश्मीरे का एक वह सूट पहना जो उसे जहेज़ में माँ-बाप ने दिया था ।

बच्चों के शोरो-ग़ोग़ा (शोर-गुल) से मेरी तबीयत बहुत घबराती है, मगर उस दिन मैं देर तक बच्चू नन्हें को उसकी माँ की ग़ैरहाज़िरी में बहलाता रहा । रसोई से ईंधन की कोलकी, ग़ुस्लख़ाने, नीम छत पर···सब जगह उसे ढूँढ़ता फिरा । मैंने उसे पुचकारते हुए कहा :

"ट्राइसिकल लेने गई है... नहीं जाने दा, ट्राइसिकल गंदी चीज़ होती है, आख़थू... गुब्बारा लाएगी बीबी तुम्हारे लिए, बहुत ख़ूबसूरत ग़ुब्बारा..."

बच्चू बेटी ने मेरे सामने थूक दिया। बोलीं, "ऐ... ई... गंडी..."

मैंने कहा : "कोई देखे तो... कैसा बेटियों-जैसा बेटा है।"

पुष्पामणि को भी मैंने गोद में ले लिया और कहा : "पोपी मुन्ना, आज गुलाबजामुन जी भरकर खाएगा ना!"

उसके मुँह में पानी भर आया। वह गोदी से उतर पड़ी और बोली : "ऐसा मालूम होता है जैसे एक बड़ा-सा गुलाबजामुन खा रही हूँ।"

बच्चू रोता रहा। पुष्पामणि कथकली मुद्रा से ज्यादा हसीन नाच बरामदे में नाचती रही।

मुझे मेरे तख़य्युल की परवाज़ से कौन रोक सकता था। कहीं मेरे तख़य्युल के क़िले ज़मीन पर न आ रहें, इसी डर से तो मैंने शमी को बाज़ार भेजा था। मैं सोच रहा था, शमी अब घोड़े अस्पताल के क़रीब पहुँच चुकी होगी... अब कॉलेज रोड की नुक्कड़ पर होगी... अब गंदे इंजन के पास...

और एक निहायत धीमी आवाज़ से ज़ंजीर हिली।

शमी सचमुच आ गई थी, दरवाज़े पर।

शमी अंदर आते हुए बोली : "मैंने दो रुपए खेमो से उधार लेकर भी ख़र्च कर डाले हैं।"

"कोई बात नहीं," मैंने कहा।

फिर बच्चू, पोपी मुन्ना और मैं तीनों शमी के आगे-पीछे घूमने लगे।

मगर शमी के हाथ में एक बंडल के सिवा कुछ न था। उसने मेज़ पर बंडल खोला—वह मेरे कोट के लिए बहुत नफ़ीस वर्सटेड था।

पुष्पामणि ने कहा : "बीबी, मेरे गुलाबजामुन..."

शमी ने ज़ोर से एक चपत उसके मुँह पर लगा दी!

भोला

मैंने माया को पत्थर के एक कूज़े (प्याले) में मक्खन रखते देखा। छाछ की खटास दूर करने के लिए माया ने कूज़े में पड़े हुए मक्खन को कुएँ के साफ़ पानी से कई बार धोया। इस तरह मक्खन के जमा करने की कोई ख़ास वजह थी। ऐसी बात अमूमन माया के किसी अज़ीज़ की आमद का पता देती थी। हाँ! अब मुझे याद आया, दो दिन के बाद माया का भाई अपनी बेवा बहन से राखी बँधवाने के लिए आनेवाला था। यूँ तो अक्सर बहनें भाइयों के यहाँ जाकर उन्हें राखी बाँधती हैं, मगर माया का भाई अपनी बहन और भानजे से मिलने के लिए ख़ुद ही आ जाया करता था और राखी बँधवा लिया करता था। राखी बँधवाकर वह अपनी बेवा बहन को यही यक़ीन दिलाता था कि अगरचे उसका सुहाग लुट गया है मगर जब तक उसका भाई ज़िंदा है, उसकी रक्षा, उसकी हिफ़ाज़त की ज़िम्मेदारी अपने कंधों पर लेता है।

नन्हें भोले ने मेरे इस ख़याल की तस्दीक़ कर दी। गन्ना चूसते हुए उसने कहा :

''बाबा! परसों मामूँ जी आएँगे ना?''

मैंने अपने पोते को प्यार से गोद में उठा लिया। भोले का जिस्म बहुत नर्म व नाज़ुक था और उसकी आवाज़ बहुत सुरीली थी। जैसे कँवल के पत्तों की नज़ाकत और सफ़ेदी, गुलाब की सुर्ख़ी और बुलबुल की ख़ुशइल्हानी को इकट्ठा कर दिया गया हो। अगरचे भोला मेरी लंबी और घनी दाढ़ी से घबराकर मुझे अपना मुँह चूमने की इजाज़त न देता था, ताहम मैंने ज़बर्दस्ती उसके सुर्ख़ गालों पर प्यार की मोहर सब्त कर दी। मैंने मुस्कराते हुए कहा :

''भोले, तेरे मामूँ जी···तेरी माता जी के क्या होते हैं?''

भोले ने कुछ ताम्मुल के साथ जवाब दिया : ''मामूँ जी!''

माया ने स्तोत्र पढ़ना छोड़ दिया और खिलखिलाकर हँसने लगी। मैं अपनी

बहू के इस तरह खिलकर हँसने पर दिल ही दिल में बहुत ख़ुश हुआ। माया बेवा थी और समाज उसे अच्छे कपड़े पहनने और ख़ुशी की बात में हिस्सा लेने से भी रोकता था। मैंने बारहा माया को अच्छे कपड़े पहनने, हँसने-खेलने की तलक़ीन (नसीहत) करते हुए समाज की परवा न करने के लिए कहा था। मगर माया ने अज़ ख़ुद अपने आपको समाज के रूह-फ़र्सा अहकाम (आत्मदमन के आदेशों) के ताबे (अधीन) कर लिया था। उसने अपने तमाम अच्छे कपड़े और ज़ेवरात की पिटारी एक संदूक में मुक़फ़्फ़ल करके चाबी एक जोहड़ में फेंक दी थी।

माया ने हँसते हुए अपना पाठ जारी रखा :

"हरीहर, हरीहर, हरीहर, हरी
मेरी बार क्यों देर इतनी करी।"

फिर उसने अपने लाल को प्यार से बुलाते हुए कहा :

"भोले, तुम नन्हीं के क्या होते हो?"

"भाई!" भोले ने जवाब दिया।

"इसी तरह तेरे मामूँ जी मेरे भाई हैं।"

भोला यह बात न समझ सका कि एक ही शख़्स किस तरह एक ही वक़्त में किसी का भाई और किसी का मामूँ हो सकता है। वह तो अब तक यही समझता आया था कि उसके मामूँ जान उसके बाबा जी के भी मामूँ जी हैं। भोले ने इस मख़मसे (झंझट) में पड़ने की कोशिश न की और उचककर माँ की गोद में जा बैठा और अपनी माँ से गीता सुनने के लिए इसरार करने लगा। वह गीता महज़ इस वजह से सुनता था कि वह कहानियों का शौक़ीन था और गीता के अध्याय के आख़िर में महातम सुनकर वह बहुत ख़ुश होता। और फिर जोहड़ के किनारे उगी हुई दूब की मख़मली तलवारों में बैठकर घंटों इन महातमों पर ग़ौर किया करता।

मुझे दोपहर को अपने घर से छः मील दूर अपने मज़ारओं को हल पहुँचाने थे। बूढ़ा जिस्म, इस पर मुसीबतों का मारा हुआ, जवानी के आलम में तीन-तीन मन बोझ उठाकर दौड़ा किया। मगर अब बीस सेर बोझ के नीचे गर्दन पिचकने लगती है। बेटे की मौत ने उम्मीद को यास (दुख) में तब्दील करके कमर तोड़ दी थी। अब मैं भोले के सहारे ही जीता था। वर्ना दरअसल तो मर चुका था।

रात को मैं थकान की वजह से बिस्तर पर लेटते ही ऊँघने लगा। ज़रा तवक़्क़ुफ़ के बाद माया ने मुझे दूध पीने के लिए आवाज़ दी। मैं अपनी बहू की सआदतमंदी पर दिल ही दिल में बहुत ख़ुश हुआ, और उसे सैकड़ों दुआएँ देते हुए मैंने कहा :

"मुझ बूढ़े की इतनी परवा न किया करो बेटा!"

भोला अभी तक न सोया था। उसने एक छलाँग लगाई और मेरे पेट पर चढ़ गया। बोला :

"बाबा जी! आप आज कहानी नहीं सुनाएँगे क्या?"

"नहीं बेटा!" मैंने आसमान पर निकले हुए सितारों को देखते हुए कहा : "मैं आज बहुत थक गया हूँ, कल दोपहर को तुम्हें सुनाऊँगा।"

भोले ने रूठते हुए जवाब दिया : "मैं तुम्हारा भोला नहीं बाबा, मैं माता जी का भोला हूँ।"

भोला भी जानता था कि मैंने उसकी ऐसी बात कभी बर्दाश्त नहीं की। मैं हमेशा उससे यही सुनने का आदी था कि 'भोला बाबा जी का है और माता जी का नहीं', मगर उस दिन हलों को कंधे पर उठाकर छः मील तक ले जाने और पैदल ही वापस आने की वजह से मैं बहुत थक गया था। शायद मैं इतना न थकता अगर मेरा नया जूता एड़ी को न दबाता और इस वजह से मेरे पाँव में टीसें न उठतीं। इस ग़ैर मामूली थकन के बायस मैंने भोले की वह बात भी बर्दाश्त की। मैं आसमान पर सितारों को देखने लगा। आसमान के जुनूबी गोशे (दक्षिणी कोने) में सितारा मशाल की तरह रोशन था। ग़ौर से देखने पर वह मद्धम-सा होने लगा—मैं ऊँघते-ऊँघते सो गया।

सुबह होते ही मेरे दिल में ख़याल आया कि भोला सोचता होगा कि कल रात बाबा ने मेरी बात किस तरह बर्दाश्त की? मैं इस ख़याल से लरज़ (काँप) गया कि भोले के दिल में कहीं यह ख़याल न आया हो कि अब बाबा मेरी परवा नहीं करते। शायद यही वजह थी कि सुबह के वक़्त उसने मेरी गोद में आने से इनकार कर दिया और बोला :

"मैं नहीं आऊँगा तेरे पास बाबा!"

"क्यों भोले?"

"भोला बाबा जी का नहीं, भोला माता जी का है।"

मैंने भोले को मिठाई के लालच से मना लिया और चंद ही लम्हात में भोला बाबा जी का बन गया और मेरी गोद में आ गया। और अपनी नन्हीं टाँगों के गिर्द

मेरे जिस्म को लपेटे हुए कंबल को लपेटने लगा। माया हरी-हर स्तोत्र पढ़ रही थी। फिर उसने पाव-भर मक्खन निकाला और उसे कूज़े में डालकर कुएँ के साफ़ पानी से छाछ की खटास को धो डाला। अब माया ने अपने भाई के लिए सेर के क़रीब मक्खन तैयार कर लिया। मैं बहन-भाई के इस प्यार के जज़्बे पर दिल ही दिल में ख़ुश हो रहा था। इतना ख़ुश कि मेरी आँखों से आँसू टपक पड़े। मैंने दिल में कहा : 'औरत का दिल मुहब्बत का एक समुंदर होता है। माँ, बाप, भाई, बहन, ख़ाविंद, बच्चे, सबसे वह बहुत ही प्यार करती है और इतना करने पर भी वह ख़त्म नहीं होता। एक दिल के होते हुए भी वह सब को अपना दिल दे देती है।' भोले ने दोनों हाथ मेरे गालों की झुर्रियों पर रखे, माया की तरफ़ से चेहरे को हटाकर अपनी तरफ़ कर लिया और बोला :

"बाबा, तुम्हें अपना वादा याद है ना ?"

"किस बात का बेटा ?"

"तुम्हें आज दोपहर को मुझे कहानी सुनानी है।"

यह तो भोला ही जानता होगा कि उसने दोपहर के आने तक कितना इंतिज़ार किया। भोले को इस बात का इल्म था कि बाबा जी के कहानी सुनाने का वक़्त वही होता है, जब वह खाना खाकर उस पलँग पर जा लेटते हैं जिस पर वह बाबा जी या माता जी की मदद के बग़ैर नहीं चढ़ सकता था। चुनाँचे वक़्त से आध घंटा पेशतर ही उसने खाना निकलवाने पर इसरार शुरू कर दिया। मेरे खाने के लिए नहीं बल्कि अपने कहानी सुनने के चाव से।

मैंने मामूल से आध घंटा पहले खाना खाया। अभी आख़िरी निवाला मैंने तोड़ा ही था कि पटवारी ने दरवाज़े पर दस्तक दी। उसके हाथ में एक हल्की-सी जरीब थी। उसने कहा कि ख़ानक़ाहवाले कुएँ पर आपकी ज़मीन को नापने के लिए मुझे आज ही फ़ुर्सत मिल सकती है, फिर नहीं।

दालान की तरफ़ नज़र दौड़ाई तो मैंने देखा, भोला चारपाई के चारों तरफ़ घूमकर बिस्तर बिछा रहा था। बिस्तर बिछाने के बाद उसने एक बड़ा-सा तकिया भी एक तरफ़ रख दिया और ख़ुद पाँयेंती में पाँव अड़ाकर चारपाई पर चढ़ने की कोशिश करने लगा। अगरचे भोले का मुझे इसरार से जल्दी रोटी खिलाना और बिस्तर बिछाकर मेरी तवाज़े करना अपनी ख़ुदग़र्ज़ी पर मुबनी था, ताहम मेरे ख़याल में आया : 'आख़िर माया ही का बेटा है ना, ईश्वर इसकी उम्र दराज़ करे।'

मैंने पटवारी से कहा कि तुम ख़ानक़ाहवाले कुएँ को चलो और मैं तुम्हारे

पीछे-पीछे आ जाऊँगा। जब भोले ने देखा कि मैं बाहर जाने के लिए तैयार हूँ तो उसका चेहरा इस तरह मद्धम पड़ गया, जिस तरह गुज़िश्ता शब को आसमान के एक कोने में मशाल की मानिंद रोशन सितारा मुसलसल देखते रहने की वजह से मंद पड़ गया था।

माया ने कहा : "बाबा जी, इतनी भी क्या जल्दी है? ख़ानक़ाहवाला कुआँ कहीं भागा तो नहीं जाता—आप कम से कम आराम तो कर लें।"

"ऊँहूँ," मैंने ज़ेरे-लब कहा : "पटवारी चला गया तो फिर यह काम एक माह से इधर न हो सकेगा।"

माया ख़ामोश हो गई। भोला मुँह बिसूरने लगा। उसकी आँखें नमनाक हो गईं। उसने कहा : "बाबा, मेरी कहानी! मेरी कहानी..."

"भोले, मेरे बच्चे!" मैंने भोले को टालते हुए कहा : "दिन को कहानी सुनाने से मुसाफ़िर रास्ता भूल जाते हैं।"

"रास्ता भूल जाते हैं?" भोले ने सोचते हुए कहा : "बाबा तुम झूठ बोलते हो...मैं बाबा जी का भोला नहीं बनता।"

अब जबकि मैं थका हुआ भी नहीं था और पंद्रह-बीस मिनट आराम के लिए निकाल सकता था, भला भोला भी इस बात को आसानी से किस तरह बर्दाश्त कर लेता। मैंने अपने शाने (कंधे) से चादर उतारकर चारपाई की पाँयेंती पर रखी और अपनी दबती हुई एड़ी को जूती की क़ैदे-बा-मुशक़्क़त से निजात दिलाते हुए पलँग पर लेट गया। भोला अपने बाबा का बन गया। लेटते हुए मैंने भोले से कहा :

"अब कोई मुसाफ़िर रास्ता खो बैठे, तो उसके तुम ज़िम्मेदार हो।"

और मैंने भोले को दोपहर के वक़्त सात शहज़ादों और सात शहज़ादियों की एक लंबी कहानी सुनाई। कहानी में उनकी बाहमी (आपसी) शादी को मैंने मामूल से ज़्यादा दिलकश अंदाज़ में बयान किया। भोला हमेशा उस कहानी को पसंद करता था जिसके आख़िर में शहज़ादा और शहज़ादी की शादी हो जाए। मगर मैंने उस रोज भोले के मुँह पर ख़ुशी की कोई अलामत न देखी बल्कि वह अफ़सुर्दा-सा मुँह बनाए ख़फ़ीफ़ तौर पर काँपता रहा।

इस ख़याल से कि पटवारी ख़ानक़ाहवाले कुएँ पर इंतज़ार करते-करते थककर अपनी हल्की-हल्की झंकार पैदा करनेवाली जरीब जेब में डालकर कहीं अपने गाँव का रुख़ न कर ले, मैं जल्दी-जल्दी मगर अपने नए जूते में दबती एड़ी की वजह से लँगड़ाता हुआ भागा। गो माया ने जूती को सरसों का तेल लगा दिया था, ताहम वह नर्म मुतलक़ (तनिक भी) न हुई थी।

शाम को जब मैं वापस आया तो मैंने भोले को ख़ुशी से दालान से सेहन में और सेहन से दालान में कूदते-फाँदते देखा। वह लकड़ी के एक डंडे को घोड़ा बनाकर उसे भगा रहा था और कह रहा था :

''चल मामूँ जी के देस रे घोड़े, मामूँ जी के देस !

मामूँ जी के देस, हाँ हाँ ! मामूँ जी के देस घोड़े...''

जूँ ही मैंने दहलीज़ में क़दम रखा, भोले ने अपना गाना ख़त्म कर दिया और बोला :

''बाबा, आज मामूँ जी आएँगे ना ?''

''फिर क्या होगा भोले ?'' मैंने पूछा।

''मामूँ जी अगिन बोट लाएँगे। मामूँ जी कल्लू (कुत्ता) लाएँगे। मामूँ जी के सिर पर मक्की (भुट्टों) का ढेर होगा ना बाबा... हमारे यहाँ तो मक्की होती ही नहीं बाबा। और तो और, ऐसी मिठाई लाएँगे जो आपनें ख़्वाब में भी न देखी होगी।''

मैं हैरान था और सोच रहा था कि किस ख़ूबी से 'ख़्वाब में भी न देखी होगी' के अल्फ़ाज़ सात शहज़ादों और सात शहज़ादियोंवाली कहानी के बयान में से उसने याद रखे थे। ''जीता रहे,'' मैंने दुआ देते हुए कहा : ''बहुत ज़हीन लड़का होगा और हमारे नाम को रोशन करेगा।''

शाम होते ही भोला दरवाज़े में जा बैठा, ताकि मामूँ जी की शक्ल देखते ही अंदर की तरफ़ दौड़े और पहले-पहल अपनी माता जी को और फिर मुझे अपने मामूँ जी के आने की ख़बर सुनाए।

दीयों को दियासलाई दिखाई गई। जूँ-जूँ रात का अँधेरा गहरा होता जाता, दीयों की रोशनी ज़्यादा होती जाती। मुतफ़क्किराना (चिंतित) लहजे में माया ने कहा :

''बाबा जी, भैया अभी तक नहीं आए।''

''किसी काम की वजह से ठहर गए होंगे। मुमकिन है कोई ज़रूरी काम आ पड़ा हो, राखी के रुपए डाक में भेज देंगे...''

''मगर राखी ?''

''हाँ राखी की कहो... उन्हें अब तक तो आ जाना चाहिए था।''

मैंने भोले को ज़बर्दस्ती दरवाज़े की दहलीज़ पर से उठाया। भोले ने अपनी माता से भी ज्यादा मुतफ़क्किराना लहजे में कहा : ''माता जी, मामूँ जी क्यों नहीं आए ?''

माया ने भोले को गोद में उठाते हुए और प्यार करते हुए कहा : "शायद सुबह को आ जाएँ तेरे मामूँ जी, मेरे भोले!"

फिर भोले ने अपने नर्म ब नाज़ुक बाज़ुओं को अपनी माँ के गले में डालते हुए कहा :

"मेरे मामूँ जी तुम्हारे क्या होते हैं?"

"जो तुम नन्हीं के हो।"

"भाई?"

"तुम जानो!"

"और बनसी (भोले का दोस्त) के क्या होते हैं?"

"कुछ भी नहीं।"

"भाई भी नहीं?"

"नहीं।"

...और भोला इस अजीब बात को सोचता हुआ सो गया। जब मैं अपने बिस्तर पर लेटा तो फिर वह मशाल की मानिंद चमकता हुआ सितारा आसमान के एक कोने में मेरे घूरने की वजह से मांद होता हुआ दिखाई दिया। मुझे फिर भोले का चेहरा याद आ गया जो मेरे ख़ानक़ाहवाले कुएँ को जाने पर तैयार होने की वजह से यूँ ही मांद पड़ गया था। कितना शौक़ है भोले को कहानियाँ सुनने का। वह अपनी माँ को स्तोत्र पढ़ने नहीं देता। इतना बच्चा भला गीता को क्या समझे? मगर सिर्फ़ इस वजह से कि उसके अध्याय का महातम (माहात्म्य) एक दिलचस्प कहानी होता है। वह निहायत सब्र से अध्याय के ख़त्म होने और महातम के शुरू होने का इंतजार किया करता है।

'माया का भाई अभी तक नहीं आया। शायद न आए।' मैंने दिल में कहा : 'उसे अपनी बहन का प्यार से जमा किया हुआ मक्खन खाने के लिए तो आ जाना चाहिए था।' मैं सितारों की तरफ़ देखते-देखते ऊँघने लगा। यकायक माया की आवाज़ से मेरी नींद खुली। वह दूध का कटोरा लिए खड़ी थी।

"मैंने कई बार कहा है तुम मेरे लिए इतनी तकलीफ़ न किया करो।" मैंने कहा।

दूध पीने के बाद फ़र्ते-शफ़क़त से मेरे आँसू निकल आए। हद से ज़्यादा ख़ुश होकर मैं माया को यही दुआ दे सकता था न कि वह सुहागवती रहे। कुछ ऐसा ही मैंने कहना चाहा। मगर इस ख़याल के आने से कि उसका सुहाग तो बरसों हुए लुट गया था, मैंने कुछ न कहने की ग़रज़ से अपनी रिक़्क़त (रुलाई) को दबाते हुए कहा :

"बेटी, तुम्हें इस सेवा का फल मिले बग़ैर न रहेगा।"

फिर मेरे पहलू में बिछी हुई चारपाई पर से भोला नन्हीं को जो कि उसके साथ ही सो रही थी, परे धकेलते हुए और आँखें मलते हुए उठा। उठते ही उसने कहा :

"बाबा, मामूँ जी अभी तक क्यों नहीं आए?"

"आ जाएँगे बेटा, सो जाओ। वह सुबह सवेरे आ जाएँगे।"

अपने बेटे को अपने मामूँ के लिए इस क़दर बेताब देखकर माया भी कुछ बेताब-सी हो गई। ऐन इस तरह जिस तरह एक शमा से दूसरी शमा रोशन हो जाती है। कुछ देर के बाद वह भोले को लिटाकर थपकने लगी।

माया की आँखों में भी नींद आने लगी। यूँ भी जवानी में नींद का गुलबा होता है, और फिर दिन-भर काम-काज करके थक जाने की वजह से माया गहरी नींद सोती थी। मेरी नींद तो आम बूढ़ों की-सी नींद थी। कभी एक-आध घंटे तक सो लेता। फिर दो घंटे जागता रहता। फिर कुछ देर ऊँघने लग जाता और बाक़ी रात अख़्तरशुमारी (तारे गिनते हुए) करते गुज़ार देता। मैंने माया को सो जाने के लिए कहा और भोले को अपने पास लिटा लिया।

"बत्ती जलती रहने दो। सिर्फ़ धीमी कर दो। मेले की वजह से बहुत-से चोर-चकार इधर-उधर घूम रहे हैं।" मैंने सोई हुई माया से कहा।

सबसे बड़ी बात यह थी कि इस दफ़ा मेले पर जो लोग आए थे, उनमें ऐसे आदमी भी थे जो कि नन्हें-नन्हें बच्चों को अग़वा करके ले जाते थे। पड़ोस के एक गाँव में दो-एक ऐसी वारदातें हुई थीं और इसीलिए मैंने भोले को अपने पास लिटा लिया था। मैंने देखा, भोला जाग रहा था। उसके बाद मेरी आँख लग गई।

थोड़ी देर के बाद जब मेरी आँख खुली तो मैंने बत्ती को दीवार पर न देखा। घबराकर हाथ पसारा तो मैंने देखा कि भोला भी बिस्तर पर न था। मैंने अंधों की तरह दरो-दीवार से टकराते और ठोकरें खाते हुए तमाम चारपाइयों पर देखा। माया को भी जगाया। घर का कोना-कोना छाना। भोला कहीं न था।

"माया, हम लुट गए!" मैंने अपना सिर पीटते हुए कहा। माया माँ थी। उसका कलेजा जिस तरह शक़ हुआ, यह कोई उसी से पूछे। अपने सुहाग लुटने पर उसने इतने बाल न नोचे थे जितने कि उस वक़्त नोचे। उसका दिल बैठा जा रहा था और वह दीवानों की तरह चीखें मार रही थी। पास-पड़ोस की औरतें शोर सुनकर जमा हो गईं और भोले की गुमशुदगी की ख़बर सुनकर रोने-पीटने लगीं।

मैं औरतों से ज़्यादा रो-पीट रहा था। आज मैंने एक बाज़ीगर को अपने घर के अंदर घूरते भी देखा था। मगर मैंने परवा नहीं की थी। आह! वह वक़्त कहाँ से हाथ आए। मैंने दुआएँ कीं कि किसी वक़्त का दिया काम आ जाए। मिन्नतें मानीं कि भोला मिल जाए। वही घर-भर का उजाला था। उसी के दम से मैं और माया जीते थे। उसी की आस से हम उड़े फिरते थे। वही हमारी आँखों की बीनाई, वही हमारे जिस्म की तवानाई था। उसके बग़ैर हम कुछ न थे।

मैंने घूमकर देखा, माया बेहोश हो गई थी। उसके हाथ अंदर की तरफ़ मुड़ गए थे, नसें खिंची हुई और आँखें पथराई हुई थीं और औरतें उसकी नाक बंद करके एक चमचे से उसके दाँत खोलने की कोशिश कर रही थीं।

मैं सच कहता हूँ, एक लम्हे के लिए मैं भोले को भी भूल गया। मेरे पाँव तले की ज़मीन निकल गई। एक साथ घर के दो बशर जब देखते-देखते हाथों से चले जाएँ तो उस वक़्त दिल की क्या कैफ़ियत होती है! मैंने लरज़ते हुए, ईश्वर को बुरा-भला कहा कि इन दुखों के देखने से पेशतर उसने मेरी ही जान क्यों न ले ली। आह! मगर जिसकी क़ज़ा आती है उसके सिवा किसी और का बाल तक बीका नहीं होता।

क़रीब था कि मैं भी माया की तरह गिर पड़ूँ, कि माया होश में आ गई। मुझे पहले से कुछ सहारा मिला। मैंने दिल में कहा : 'मैं ही माया को सहारा दे सकता हूँ। और अगर मैं ख़ुद इस तरह हौसला छोड़ दूँ तो माया किसी तरह नहीं बच सकती।' मैंने हवास जमा करते हुए कहा :

"माया बेटी, देखो! मुझे यूँ ख़ानाख़राब मत करो···हौसला करो। बच्चे अग़वा होते हैं, मगर आख़िर मिल भी जाते हैं। बाज़ीगर बच्चों को मारने के लिए नहीं ले जाते। पालकर बड़ा करके किसी काम में लाने के लिए ले जाते हैं···भोला मिला जाएगा।"

माँ के लिए यह अल्फ़ाज़ बेमानी थे। मुझे भी अपने इस तरह सब्र करने पर गुमान हुआ, गोया मैं इस वजह से चुप हो गया हूँ कि माया के मुक़ाबले में भोले से बहुत कम प्यार है। मगर 'नहीं' मैंने सोचा : 'मर्द को ज़रूर कुछ हौसला दिखाना चाहिए।'

उस वक़्त आधी रात इधर थी और आधी उधर, जब हमारा पड़ोसी इस हादसे की ख़बर थाने में पहुँचाने के लिए, जो गाँव से दस कोस दूर शहर में था, रवाना हुआ।

बाक़ी हम सब हाथ मलते हुए सुबह का इंतज़ार करने लगे, ताकि दिन

निकलने पर कुछ सुझाई दे।

दफ़अतन (अचानक) दरवाज़ा खुला और हमने भोले के मामूँ को अंदर आते देखा। उसकी गोद में भोला था। उसके सिर पर मिठाई की टोकरियाँ और एक हाथ में बत्ती थी। हमें तो गोया तमाम दुनिया की दौलत मिल गई। माया ने भाई को पानी पूछा न ख़ैरियत और उसकी गोद से भोले को छीनकर उसे चूमने लगी। तमाम अड़ोस-पड़ोस ने मुबारिकबाद दी। भोले के मामूँ ने कहा :

''मुझे किसी काम की वजह से देर हो गई थी। देर से रवाना होने पर रात के अँधेरे में, मैं अपना रास्ता गुम कर बैठा था। यकायक मुझे एक तरफ़ से रोशनी आती दिखाई दी। मैं इसकी जानिब बढ़ा। इस ख़ौफ़नाक तारीकी में परसपुर से आनेवाली सड़क पर भोले को बत्ती पकड़े हुए और काँटों में उलझे हुए देखकर मैं शशदर रह गया। मैंने उस वक़्त उसके वहाँ होने का सबब पूछा तो उसने जवाब दिया, कि बाबा जी ने आज दोपहर के वक़्त मुझे कहानी सुनाई थी और कहा था कि दिन के वक़्त कहानी सुनाने से मुसाफ़िर रास्ता भूल जाते हैं। तुम देर तक न आए तो मैंने यही जाना कि तुम रास्ता भूल गए होगे। और बाबा ने कहा था कि अगर कोई मुसाफ़िर रास्ता भूल गया तो तुम ज़िम्मेदार होगे ना!

तुलादान

धोबी के घर कहीं गोरा-चिट्टा छोकरा पैदा हो जाए तो उसका नाम बाबू रख देते हैं। साधूराम के घर बाबू ने जन्म लिया और वह सिर्फ़ बाबू की शक्लो-सूरत पर ही मौक़ूफ़ (स्थगित) नहीं था। जब वह बड़ा हुआ तो उसकी तमाम आदतें बाबुओं-जैसी थीं। माँ को हिक़ारत से 'ऐ यू' और बाप को 'चल बे' कहना उसने न जाने कहाँ से सीख लिया था। वह उसकी रऊनत (दंभ) से भरी हुई आवाज़, फूँक-फूँककर पाँव रखना, जूतों समेत चौके में चले जाना, दूध के साथ बालाई न खाना—सभी सिफ़ात बाबुओंवाली ही तो थीं। जब वह तहक्कुमाना (आदेशात्मक) अंदाज़ से बोलता और 'चल बे' कहता तो साधूराम 'ख़ी-ख़ी···बिल्कुल बाबू' कहकर अपने ज़र्द दाँत निकाल देता और फिर ख़ामोश हो जाता।

बाबू जब सुखनंदन, अमृत और दूसरे अमीरज़ादों में खेलता तो किसी को मालूम न होता कि यह उस माला का मनका नहीं है। सच तो यह है कि ईश्वर ने सब जीव-जंतु को नंगा करके इस दुनिया में भेज दिया है। कोई बोली-ठोली नहीं दी। यह नादार, लखपति, महा ब्राह्मण, भनोट, हरिजन, लंगुवा, फ़रनीका सबकुछ बाद में लोगों ने ख़ुद ही ईजाद किया है।

बुधई के पुरवा में सुखनंदन के माँ-बाप खाते-पीते आदमी थे और साधूराम और दूसरे आदमी उन्हें खाते-पीते देखनेवाले। सुखनंदन का जन्मदिन आया तो पुरवा के बड़े-बड़े नेतागण, देवभंडारी, डालचंद, गनपत, महाब्राह्मण वग़ैरा खाने पर मदऊ किए गए। डालचंद और गणपत महाब्राह्मण दोनों मोटे आदमी थे और क़रीब-क़रीब हरेक दावत में देखे जाते थे। उनकी उभरी हुई तोंद के नीचे पतली-सी धोती में लँगोट, भारी-भरकम जिस्म पर हल्का-सा जनेऊ, लंबी चोटी, चंदन का टीका देखकर बाबू जलता था और भला यह भी कोई

जलने की बात थी। शायद एक नन्हा-सा नाज़ुक बदन बाबू बनने के बाद इंसान एक बदज़ेब बेडौल-सा पंडित बनना चाहता है। और पंडित बनने के बाद एक पस्त-ज़मीर गुनाहगार इंसान और अछूत! डालचंद और गणपत महाब्राह्मण के चलन के मुताल्लिक़ बहुत-सी बातें मशहूर थीं। यह इंसानी फ़ितरत की नैरंगी हर जगह करिश्मा दिखाती है।

बाबू ने देखा, जहाँ भंडारी और महाब्राह्मण, भनोट आए हुए थे वहाँ उम्दाँ मीरासन, हरखू, जड़ी दादा कारिंदे और दो-तीन जूठी प्लेटें और दोने उठानेवाले झीवर भी दिखाई दे रहे थे। जब दस-पंद्रह आदमी खाने से फ़ारिग़ हो जाते तो झीवर प्लेटों और दोनों से बची-खुची चीज़ें एक जगह इकट्ठी करते। जमादारनी सेहन में चादर का एक पल्लू बिछाए बैठी थी। वह सब बची-खुची चीज़ें, हलवा, दाल, तोड़े हुए लुक़मे, पकौड़ियाँ मिले हुए आलू, मटर और चावल उस बिछी हुई चादर या एल्युमिनियम के एक बड़े-से ज़ंग-आलूद तसले में डाल देते। उसके सामने सब चीज़ें खिचड़ी देखकर बाबू न रह सका। बोला :

"जमादारनी, कैसे खाओगी ये चीज़ें?"

जमादारनी हँस पड़ी। नाक सिकोड़ते हुए बोली : "जैसे तुम रोटी खाते हो।"

इस अजीब और सादा-से जवाब से बाबू की रऊनत को ठेस लगी। बोला : "कितनी नासमझ हो तुम, इतनी-सी बात न समझीं। तभी तो तुम लोग जूतों में बैठने के लायक़ हो।"

हलालख़ोरी की अकड़ ज़बान-ज़दे अवाम है। माथे पर तेवर चढ़ाते हुए जमादारनी बोली :

"और तुम तो अर्श पर बैठने के लायक़ हो; है ना?"

"यूँ ही ख़फ़ा हो गईं तुम तो," बाबू बोला : "मेरा मतलब था सालन में हलवा, पकौड़ियों में आलू-मटर, पुलाव में फ़िरनी, यह तमाम चीज़ें खिचड़ी नहीं बन गईं क्या?"

जमादारनी ने कोई जवाब न दिया।

भंडारी और महाब्राह्मण को अच्छी जगह पर बिठाया गया। वह साधुओं की-सी रुद्राक्ष की माला गले में डाले कनखियों से बार-बार उम्दाँ और जमादारनी की तरफ़ देखते रहे। उम्दाँ जमादारनी के क़रीब ही बैठी थी। हरखू, जड़ई, दादा धूप में बैठे हुए खाते-पीते आदमियों का मुँह देख रहे थे। कब वह सब खा चुकें तो उन्हें भी कुछ मयस्सर हो। बाबू ने देखा, उम्दाँ के क़रीब ही

ईंधन की ओट में उसकी अपनी माँ बैठी थी। उसके क़रीब बर्तन माँजने के लिए राख और नीम-सोख़्ता उपले पड़े थे और राख से उसका लहँगा ख़राब हो रहा था। क़मीस भी ख़राब हो रही थी। ख़ैर क़मीस की तो कोई बात न थी, वह तो किसी की थी और धुलने के लिए आई थी। एक दफ़ा धोकर बाबू की माँ ने पहन ली तो कुछ बिगड़ नहीं गया। परमात्मा भला करे बादलों का कि उन्हीं की मेहरबानी से ऐसा मौक़ा मयस्सर हुआ।

जब अपने दोस्त सुखनंदन को मिलने के लिए बाबू ने आगे बढ़ना चाहा तो एक शख़्स ने उसे चपत दिखाकर वहीं रोक दिया और कहा : "ख़बरदार! धोबी के बच्चे···देखता नहीं किधर जा रहा है?" बाबू थम गया। सोचने लगा कि उसके साथ लड़े या न लड़े। झीवर का तनोमंद जिस्म देखकर दब गया और यूँ भी वह अभी बच्चा था। भला इतने बड़े आदमी का क्या मुक़ाबला कर सकता था। उसने एक उदास उचटती हुई नज़र से अच्छी जगह पर बैठकर खानेवालों और नीम-सोख़ता उपलों की राख और जूतों में पड़े हुए इंसानों को देखा और दिल में कहा : 'अगरचे सब नंगे पैदा हुए हैं, मगर एक कारिंदे और ब्राह्मण में कितना फ़र्क़ है!'

फिर दिल में कहने लगा : 'सुखनंदन और बाबू में कितना फ़र्क़ है!' और हल्की-सी एक टीस उसके कलेजे में उठी। हक़ीक़त तो बाबू के सामने थी। मगर इतनी मकरूह शक्ल में कि वह ख़ुद उसे देखने से घबराता था। बाबू दिल ही दिल में कहने लगा : 'हम लोगों के कारण ही तो ये लोग जीते हैं। दिन की तरह उजले-उजले कपड़े पहनते हैं···' दरअसल बाबू को भूख लग रही थी। वही पकौड़ियों, हलवा माँडे के ख़याल में···मकरूह हक़ीक़त तो क्या वह अपने वुजूद से भी बेनियाज़ हो गया। गर्म-गर्म पूरियों की सब्रआज़मा-ख़ुशबू उसके दिमाग़ में बसी जा रही थी। अचानक उसकी नज़र उम्दाँ पर पड़ी। उम्दाँ की नज़र भी टोकरी में घी में बसी हुई पूरियों के साथ-साथ जाती थी। जब सुखनंदन की माँ क़रीब से गुज़री तो उसको मुतवज्जे करने के लिए उम्दाँ बोली :

"जिजमानी, ज़रा हलवाई को डाँटो तो···ऐ देखतीं नहीं, कितना घी बह रहा है ज़मीन पर।"

जिजमानी कड़ककर बोली : "अरे ओ किशनू, हलवाई को कहना ज़रा पूरियाँ कढ़ाही में दबाए रखे।"

बाबू हँसने लगा। उम्दाँ कुछ शर्मिंदा-सी हो गई। बाबू जानता था कि उम्दाँ वह सब बातें महज़ इस वजह से कर रही है कि उसका अपना जी पूरियाँ

खाने को बहुत चाहता है। गो जिजमानी की तवज्जोह को खींचनेवाले फ़िक़रे से उसकी ख़्वाहिश का पता नहीं चलता। वह मुताज्जिब था और सोच रहा था कि जिस तरह उसने उम्दाँ के उन ग़ैर मुताल्लिक़ लफ़्ज़ों में छुपे हुए असली मतलब को पा लिया है, क्या ऐसा भी मुमकिन है कि उसकी ख़ामोशी में कोई उसकी बात को पा ले। आख़िर ख़ामोशी गुफ़्तगू से ज़्यादा मानीख़ेज़ होती है।

उस वक़्त सुखनंदन तुल रहा था। ख़ूबसूरत तराज़ू के एक पलड़े में बैठा चारों तरफ़ देखकर मुस्कराता जा रहा था। दूसरी तरफ़ गंदुम का अंबार लगा था। गंदुम के अलावा चावल बासमती, चने, उड़द, मोटे माश और दूसरे क़िस्म की अजनास (अनाज) भी मौजूद थीं। सुखनंदन को तोल-तोलकर लोगों में अजनास बाँटी जा रही थीं। बाबू की माँ ने भी पल्लू बिछाया। उसे गंदुम की धड़ी मिल गई। वह सुखनंदन की दराज़ी-ए-उम्र की दुआएँ माँगती हुई उठ बैठी। बाबू ने नफ़रत से अपनी माँ की तरफ़ देखा। गोया कह रहा हो : 'छी ! तुम्हें कपड़ों की धुलाई पर क़नाअत ही नहीं, तभी तो हर एक की मैल निकालने का काम ईश्वर ने तुम्हारे सुपुर्द कर दिया है और तुम भी जमादारनी की तरह जूतों में बैठने के लायक़ हो। तुम्हारी कोख से पैदा हो जानेवाले बाबू को चिलचिलाती धूप में खड़ा रहना पड़ता है। आगे बढ़ने पर लोग उसे चपत दिखाते हैं। हाय ! तेरी यह फटी हुई बेक़नाअत आँखें गंदुम से नहीं, क़ब्र की मिट्टी से पुर होंगी।' क़रीब से माँ गुज़री तो बाबू बोला : "ऐ यू !"

फिर सोचने लगा, राम जाने मेरा जन्मदिन क्यों नहीं आता ? मेरी माँ मुझे कभी नहीं तोलती। जब सुखनंदन को उसके जन्मदिन के मौक़े पर तोलकर अजनास का दान किया जाता है तो उसकी सभी मुसीबतें टल जाती हैं। उसे सर्दी में बर्फ़ से ज़्यादा ठंडे पानी और गर्मियों में भेजा जला देनेवाली धूप में खड़ा नहीं होना पड़ता। बालों में लगाने के लिए ख़ास लखनऊ से मँगवाया हुआ आमले का तेल मिलता है। जेब पैसों से भरी रहती है। बरख़िलाफ़ इसके मैं तमाम दिन साबुन के झाग बनाता रहता हूँ। सुखनंदन इसलिए पानी के बुलबुलों को पसंद करता है कि वह बुलबुले और उनमें चमकनेवाले रंग उसे हर रोज़ नहीं देखने पड़ते। यूँ कपड़े नहीं धोने होते···सुखी की दुनिया को कितनी ज़रूरत है। ख़ासकर उसके माँ-बाप को···मेरे माँ-बाप को मेरी ज़रा भी ज़रूरत नहीं। वर्ना वह मुझे भी जन्मदिन के मौक़े पर यूँ ही तोलते। और जब से नन्हीं पैदा हो गई है···कहते हैं बिला ज़रूरत दुनिया में भी कोई पैदा नहीं हुआ। यह बथुआ जो नाली के किनारे उग रहा है, बज़ाहिर एक फ़िज़ूल-सा पौधा है, जब उसकी

भुजिया बनती है तो मज़ा ही आ जाता है···और पूरियाँ !

बाबू की माँ ने आवाज़ दी :

''बाबू···अरे ओ बाबू !''

उस वक़्त सुखनंदन बाबू को देखकर मुस्करा रहा था। अब बाबू को उम्मीद बँधी कि वह ख़ूब ज़ियाफ़त (दावत) उड़ा सकेगा। बाबू उस चुभनेवाली धूप को भी भूल गया जो बरसात के बाद थोड़े अर्से के लिए निकलती है और उसी अर्से में अपनी तबो-ताब ख़त्म कर देना चाहती है। उसने माँ की आवाज़ पर कान न धरा। और कान धरता भी क्यों ? माँ को उसकी क्या ज़रूरत थी ? ज़रूरत होती तो वह उसका जन्मदिन न मनाती ? वह तो शायद उस दिन को कोसती होगी जिस दिन वह पैदा हो गया···अगरचे बथुवे की भुजिया बड़ी ज़ायक़ेदार होती है।

''बाबू···अरे ओ बाबू के बच्चे ! आता क्यों नहीं ?'' बाबू की माँ की आवाज़ आई।

''बाबू जाओ, अभी मैं नहीं आ सकता।'' सुखनंदन ने कहा और फिर एक मग़रूराना अंदाज़ से अपने ज़रदोख़्ता कोट और बाबू को देखता हुआ बोला : ''कल आना भाई, देखते नहीं हो, आज मुझे फ़ुर्सत नहीं है ? जाओ !''

उम्दाँ को पूरियाँ मिल गई थीं। वह जिजमानी को फ़र्शी सलाम कर रही थी। बाबू ने सोचा था कि शायद मुस्कराता हुआ सुखनंदन उसकी ख़ामोशी में उसके मन की बात पा लेगा। मगर सुखनंदन को आज बाबू का ख़याल कहाँ आता था। आज हर छोटे-बड़े को सुखी की ज़रूरत थी, लेकिन सुखी को किसी की ज़रूरत न थी। अपनी अज़मत (श्रेष्ठता) और बाबू के सादा और बोसीदा टाट के-से कपड़ों को देखकर शायद वह उससे नफ़रत करने लगा था। अपनी अदीमुल फ़ुर्सती का इज़हार करते हुए उसने गोया बाबू की रही-सही रऊनत को मिट्टी में मिला दिया। फिर बाबू की माँ की करख़्त आवाज़ आई :

''बाबू···तेरा सत्यानास, तून (ताऊन) मारे···घुस आए तेरे पेट में माता काली···आता क्यों नहीं ? दो सौ कपड़े पड़े हैं लंबर गेरनेवाले, मैं तो रो रही हूँ तेरी जान को···''

बाबू को यह महसूस हुआ कि न सिर्फ़ सुखनंदन ने उसके जज़्बात को ठेस लगाई है और वह उसके साथ कभी नहीं खेलेगा, बल्कि उसकी माँ, जिसके पेट से वह नाहक़ पैदा हुआ था···जिससे उसे दुनिया में सबसे ज़्यादा प्यार की तवक़्क़ो थी, उससे ऐसा सुलूक करती है ! काश ! मैं इस दुनिया में पैदा ही न

होता। अगर होता तो यूँ बाबू न होता। मेरी मिट्टी यूँ ख़राब न होती। आख़िर मैं सुखी से शक्ल और अक़्ल में बढ़-चढ़कर नहीं ?

सुखनंदन के जन्मदिन को एक महीना हो गया। तुलादान में आई हुई गंदुम पिसी। पिसकर उसकी रोटी बनी। बाबू के माँ-बाप ने खाई। मगर बाबू ने वह रोटी खाने से इनकार कर दिया। जितनी देर तुलादान का आटा घर में रहा, वह रोटी अपने चचा के यहाँ खाता रहा। वह नहीं चाहता कि जिस तरह माँगे-ताँगे की चीज़ें खा-खाकर उसके माँ-बाप की ज़ेहनियत ग़ुलामाना हो गई है, वह रोटी खाकर उसमें भी वह बात आए। गाढ़े पसीने की कमाई हुई रोटी से तो दूध टपकता है, मगर हराम की कमाई से ख़ून। और ग़ुलामी ख़ून बनकर उसके रगों-रेशे में समा जाए, यह कभी न होगा। साधूराम हैरान था। बाबू की माँ हैरान थी। चचा, जिस पर उसकी रोटी का बोझ जबरन पड़ गया था, हैरान थे। चची नाक-भौं चढ़ाती थी। और जब घर में इस अनोखे बायकाट का चर्चा होता तो साधूराम एकदम कपड़ों पर लंबर गेरने छोड़ देता और ज़र्द-ज़र्द दाँत निकालते हुए कहता :

"ख़ी-ख़ी···बाबू है ना !"

सुखनंदन ने अब बाबू में एक नुमायाँ तब्दीली देखी। बाबू, जिसका काम से जी उचाट रहता था; अब दिन-भर घाट पर अपने बाप का हाथ बँटाता। बाबू अब उसके साथ नहीं खेलता था। हरिया के तालाब के किनारे एक बड़ी-सी करोटन चील पर वह और उसके दो-एक साथी स्कूल के वक़्त के बाद 'कान पत्ता' खेला करते थे। अब वह जगह बिलकुल सूनी पड़ी रहती थी। क़रीब बैठे हुए एक साधू, जिनकी कुटिया में बच्चे अपने बस्ते रख देते थे; कभी-कभी चरस का एक लंबा कश लगाते हुए पूछ लेते : "बेटा, अब क्यों नहीं आते खेलने को ?" और सुखनंदन कहता : "बाबू नाराज़ हो गया है बाबा !" फिर महात्मा जी हँसते और चरस का एकदम उलटा देनेवाला कश लगाते और खाँसते हुए कहते :

"ओहूँ···हूँ···वाह रे पट्ठे···आख़िर बाबू जो हुआ तू !"

उस वक़्त सुखनंदन ग़ुरूर से कहता : "अकड़ता है बाबू तो अकड़ा करे···उसकी औक़ात क्या है धोबी के बच्चे की ?"

···मगर बच्चों को अपने साथ खेलने के लिए कोई-न-कोई चाहिए। खेल में किसी तरह की ज़ात-पात और दर्जे की तमीज़ नहीं रहती। हकीकत में चंद ही

साल की तो बात थी जबकि वह यकसाँ नंगे पैदा हुए थे और उस वक़्त तक इनमें नादार, लखपति, महाब्राह्मण, भनोट, हरिजन और इस क़िस्म की फ़िज़ूल बातों के मुताल्लिक़ ख़याल-आराई करने की सलाहियत पैदा नहीं हुई थी।

सुखनंदन अपनी तमाम मसनूई (कृत्रिम) अज़मत (श्रेष्ठता) को केंचुली की तरह उतार फेंक बाबू के यहाँ गया। बाबू उस वक़्त दिन-भर काम करके थककर सो रहा था। माँ ने झँझोड़कर जगाया : "उठ बेटा ! अब खेलने कभी न जाओगे क्या ? सुखी आया है।" बाबू आँखें मलता हुआ उठा। चारपाई के नीचे उसने बहुत-से मैले-कुचैले और उजले-उजले कपड़े देखे। कपड़े, जो कि पैदाइश ही से एक सुखनंदन और बाबू में इम्तियाज़ व तफ़रक़ा पैदा कर देते हैं ··· बाबू चारपाई पर से फ़र्श पर बिखरे हुए कपड़ों पर कूद पड़ा। दिल में एक लतीफ़ गुदगुदी-सी पैदा हुई। कई दिनों से वह खेला नहीं था और अब शायद अपनी इक्तिसाबी (अर्जित) रुऊनत (दभ) पर पछता रहा था। बाबू का जी चाहता था कि फलाँगकर बरामदे से बाहर चला जाए और सुखी से बग़लगीर ··· और क्या इंसान की इंसान के लिए मुहब्बत कपड़ों की हद से नहीं बढ़ जाती ? क्या सुखी केंचुली नहीं उतार आया था ? क्या बाबू चाहता था कि दोनों भाई रहे-सहे कपड़े उतारकर एक-से हो जाएँ और ख़ूब खेलें, ख़ूब ··· बरामदे में कबूतरों के काबुक के पीछे जाली के दरम्यान में से बाबू की नज़र सुखी पर पड़ी, जो पुरउम्मीद नज़रें उसके घर के दरवाज़े पर गाड़े खड़ा था। यकायक बाबू को सुखी के जन्मदिन की बात याद आ गई। वह दिल मसोसकर रह गया। कबूतरों की जाली में उसे बहुत-सी बीटें नज़र आ रही थीं, और बहुत-से सिराज, लक्का और देसी क़िस्म के कबूतर घूँ-घूँ करते हुए अपनी गर्दनों को फुला रहे थे। एक नर फूल-फूलकर मादा को अपनी तरफ़ माइल कर रहा था। बाबू ने भी अपनी गर्दन को फुला लिया और घूँ-घूँ की-सी आवाज़ पैदा करता हुआ चारपाई पर वापस जा लेटा। फिर उसे ख़याल आया, सुखी धूप में खड़ा जल रहा है। मगर फिर वह एक फ़ैसलाकुन लायहा अमल (क्रमिक व्यवहार) मुरत्तिब (संग्रह) करते हुए चारपाई पर आँखें बंद करके लेट गया। आख़िर वह भी तो कितना ही अर्सा उसके सेहन में बरसात की चिलचिलाती धूप में खड़ा रहा था और उसने उसकी कोई परवा न की थी ··· अमीर होगा तो अपने घर में।

"उसे कह दो ··· वह नहीं आएगा, माँ ··· कहो, उसे फ़ुर्सत नहीं है फ़ुर्सत।" बाबू ने कहा।

"सरम तो नहीं आती तुझे !" माँ ने कहा; "इतने बड़े सेठों का लड़का आवे

तुझे बुलाने के लिए और तू यूँ पड़ा रहे…गधा!"

बाबू ने कुहनियाँ हिलाते हुए कहा : "मैं नहीं जाने का माँ!"

माँ ने बुरा-भला कहा तो बाबू बोला : "सच-सच कह दूँ माँ, मैं जानता हूँ मेरी किसी को भी ज़रूरत नहीं… बावेला करोगी तो मैं कहीं चला जाऊँगा।"

माँ का मुँह खुला का खुला रह गया। उस वक़्त नन्हीं बुलंद आवाज़ से रोने लगी और माँ उसे दूध पिलाने में मशगूल हो गई।

बुधई के पुरवा में सीतला (चेचक) का ज़ोर था। पुरवा की औरतें बंदरियों की तरह अपने-अपने बच्चों को कलेजों से लगाए फिरती थीं। कहीं बू न पकड़ लें और सीतला माता तो यूँ भी बड़ी गुस्सैली हैं…डालचंद की लड़की, महाब्राह्मण के दो भतीजे सबको सीतला माता ने दर्शन दिया। इनकी माएँ घंटों उनके सिरहाने बैठकर सच्चे मोतिया के हार रखकर गोरी मैया गाती रहीं और देवी माता से प्रार्थना करती रहीं कि उन पर अपना ग़ुस्सा न निकाले। जब बच्चे राज़ी हो जाते तो मंदिर में माथा टेकने के लिए ले जातीं। माता तो हर एक क़िस्म की ख़्वाहिश पूरी करती थी। जब सीतला का ग़ुस्सा टला और बू कुछ कम हुई तो पुरवावालों ने सीतला की मूर्ति बनाई। उसे ख़ूब सजाया। सुखनंदन के बाप ने मूँगे की माला सीतला माता के गले में डाली। सबने मिलकर इज़्ज़त व तकरीम (आदर) से माता को मंदिर से निकाला और एक सजी हुई बहली में विराजमान किया और बहली को घसीटते हुए गाँव से बाहर छोड़ने के लिए ले गए। पुरवा के सब बच्चे-बूढ़े जुलूस में इकट्ठे हुए। पीतल की खड़तालें, ढोल, ढमके बजते जा रहे थे। लोग चाहते थे कि क्रोधी माता को हरिया के तालाब के पास महात्मा जी की कुटिया के क़रीब उन्हीं की निगहबानी में छोड़ दिया जाए, ताकि माता इस गाँव से किसी दूसरे गाँव का रुख़ करे। वह माता को ख़ुशी-ख़ुशी रवाना करना चाहते थे, ताकि उन पर उलटी न बरस पड़े। सुखी भी जुलूस के साथ गया। बाबू भी शामिल हुआ। न बाबू को सुखी के बुलाने की जुर्रत पैदा हुई, न सुखी को बाबू के बुलाने की। हाँ, कभी-कभी वह कनखियों से एक-दूसरे को देख लेते थे।

हरिया के तालाब के पास ही धोबीघाट था। एक छोटी-सी नहर के ज़रिए तालाब का पानी घाट की तरफ़ खींच लिया जाता था। घाट था बहुत लंबा-चौड़ा। क़रीब के क़स्बों में से धोबी कपड़े धोने आया करते थे। उसी घाट पर बाबू और उसके भाई-बंद, बाप-दादा। वही एक गाना, उसी पुरानी सुर-ताल से गाते हुए कपड़े धोए जाते। एक दिन घाट पर सारा दिन बाबू सुखी के बग़ैर

शिद्दत की तन्हाई महसूस करता रहा। कभी-कभी अकेला ही करोटन चील के बल खाते हुए तनों पर चढ़ जाता और उतर आता। गोया सुखी के साथ कान-पत्ता खेल रहा हो। खेल में लुत्फ़ न आया तो वह ईंटों के ढेर में रखी सीतला माता की मूर्ति को देखने लगा और पूछने लगा; आया वह इस गाँव से चली गई हैं या नहीं ? माता कुछ कुरूप (बदशक्ल, नाराज़) दिखाई देती थीं। शाम को बाबू घर आया तो उसे हल्का-हल्का ताप था जो बढ़ता गया। बाबू को अपनी सुधबुध न रही। एक दफ़ा बाबू को होश आया तो देखा, माँ ने मोतिए का एक हार उसकी चारपाई पर रखा था। क़रीब ही ठंडे पानी से भरा हुआ कोरा घड़ा था। घड़े के मुँह पर भी मोतिया के हार पड़े थे। और माँ एक नया ख़रीदा हुआ पंखा हल्के-हल्के हिला-हिलाकर मुँह में गोरी मैया गुनगुना रही थी। पंखा मरते हुए आदमी की नब्ज़ की तरह आहिस्ता-आहिस्ता हिल रहा था और अलगनी पर सुर्ख़ फुलकारियों के पर्दे बाबू की बूढ़ी दादी की झुर्रियों की तरह लटक रहे थे और यह सामान सबकुछ माता की इज़्ज़त की वजह से किया गया था। बाबू ने अपनी पलकों पर मनों बोझ महसूस किया। उसके तमाम बदन पर काँटे चुभ रहे थे और यूँ महसूस होता था, जैसे उसे किसी भट्टी में झोंक दिया गया हो!

दो-तीन दिन तो बाबू ने पहलू तक न बदला। एक दिन ज़रा इफ़ाक़ा (आराम)-सा हुआ। सिर्फ़ इतना कि वह आँखें खोलकर देख सकता था। आँख खुली तो उसने देखा, सुखी और उसकी माँ दरवाज़े के क़रीब बैठे हुए थे। सेठानी ने नाक पर दुपट्टा ले रखा था। दरअसल वह दरवाज़े में इसलिए बैठे थे कि कहीं बू न पकड़ ले। मगर बाबू ने समझा, आज उन लोगों का ग़ुरूर टूटा है। उसने दिल में एक ख़ुशी की लहर महसूस की। एक ज्योतिषी जी साधूराम को बहुत-सी बातें बता रहे थे। उन्होंने नारियल, बताशे, खमनी मँगवाई। साधूराम कभी-कभार अपना हाथ बाबू के तपते हुए माथे पर रख देता और कहता :

"बाबू...ओ बाबू...बेटा बाबू!"

जवाब न मिलता तो एक मुक्का-सा उसके कलेजे में लगता और वह गुम हो जाता।

बाबू ने बमुश्किल तमाम काँटों के बिस्तर पर पहलू बदला। फूल हाथ से सरकाकर सिरहाने की तरफ़ रख दिए। गले में तल्ख़ी-सी महसूस की। हाथ बढ़ाया तो माँ ने पानी दिया। बाबू ने देखा, उसके एक तरफ़ गंदुम का ढेर लगा

हुआ था। ज्योतिषी जी के कहने पर बाबू की माँ ने उसे आहिस्ता से उठाया और एक तरफ़ लटकते हुए तराज़ू के एक पलड़े में रख दिया। तराज़ू के दूसरे पलड़े में गंदुम और दूसरी अजनास डालनी शुरू की। बाबू ने अपने आपको तुलता हुआ देखा तो दिल में एक ख़ास क़िस्म का रूहानी सुकून महसूस किया। चार दिन के बाद आज उसने पहली मर्तबा कुछ कहने के लिए ज़बान खोली और इतना कहा :

''अम्माँ··· कुछ गंदुम और माश की दाल दे दो सुखी की माँ को··· कब से बैठी है बेचारी !''

साधूराम ने फिर अपना हाथ बाबू के तपते हुए माथे पर रख दिया। उसकी आँखों से आँसुओं की चंद बूँदें गिरकर फ़र्श पर बिखरे हुए कपड़ों में जज़्ब हो गईं। साधूराम ने कपड़ों को एक तरफ़ हटाया और बोला :

''पंडित जी··· दान से बोझ टल जाएगा ? मैं तो घर-बार बेच दूँ पंडित जी···''

बाबू की माँ ने सिसकियाँ लेते हुए सेठानी जी को कहा :

''मालकिन, कल नैनीताल जाओगी। कल नहीं तो परसों मिलेंगे कपड़े···हाय, मालकिन ! तुम्हें कपड़ों की पड़ी है।''

बाबू को कुछ शक-सा गुज़रा। उसने फिर तकलीफ़ सहकर पहलू बदला और बोला :

''अम्माँ··· अम्माँ··· आज मेरा जन्मदिन है ?''

अब साधूराम के सोते फूट पड़े। एक हाथ से गले को दबाते हुए वह भर्राई हुई आवाज़ में बोला :

''हाँ बाबू बेटा··· आज जनमदिन है तेरा··· बाबू··· बेटा !''

बाबू ने अपने जलते हुए जिस्म और रूह पर से तमाम कपड़े उतार दिए, गोया नंगा होकर सुखी हो गया; और मनो बोझ महसूस करते हुए आँखें आहिस्ता-आहिस्ता बंद कर लीं।

ग्रहन

रूपो, शिब्बो, कथ्थू और मुन्ना···होली ने असाढ़ी के कायस्थों को चार बच्चे दिए थे और पाँचवाँ चंद ही महीनों में जननेवाली थी। उसकी आँखों के गिर्द गहरे, सियाह हलक़े (वृत्त) पड़ने लगे, गालों की हड्डियाँ उभर आईं और गोश्त उनमें पिचक गया। वह होली जिसे पहले पहल मैया प्यार से चाँद रानी कहकर पुकारा करती थी और जिसकी सेहत और सुंदरता का रसीला हासिद था, गिरे हुए पत्ते की तरह ज़र्द और पज़मुर्दा हो चुकी थी।

आज रात चाँद-ग्रहन था। सरे-शाम चाँद ग्रहन के ज़ुमरे में दाख़िल हो जाता है। होली को इजाज़त न थी कि वह कोई कपड़ा फाड़ सके, पेट में बच्चे के कान फट जाएँगे। वह सी न सकती थी, मुँह सिला बच्चा पैदा होगा। अपने मैके ख़त न लिख सकती थी, उसके टेढ़े-मेढ़े हरूफ़ बच्चे के चेहरे पर लिख जाएँगे। और अपने मैके ख़त लिखने का उसे बड़ा चाव था।

मैके का नाम आते ही उसका तमाम जिस्म एक नामालूम जज़्बे से काँप उठता। वह मैके थी तो उसे ससुराल का कितना चाव था। लेकिन अब वह ससुराल से इतनी सैर (तृप्त) हो चुकी थी कि वहाँ से भाग जाना चाहती थी। इस बात का उसने कई मर्तबा तहैया भी किया, लेकिन हर दफ़ा नाकाम रही। उसका मैका असाढ़ी गाँव से पच्चीस मील के फ़ासले पर था। समंदर के किनारे हरफूल बंदर पर शाम के वक़्त स्टीमर लांच मिल जाता था और साहिल के साथ-साथ डेढ़-दो घंटे की मुसाफ़त के बाद उसके मैके गाँव के बड़े मंदिर के ज़ंग-ख़ुर्दा कलस दिखाई देने लगते।

आज शाम होने से पहले रोटी, चौका-बर्तन के काम से फ़ारिग़ होना था। मैया कहती थी ग्रहन से पहले रोटी वग़ैरा खा लेनी चाहिए, वर्ना हर हरकत पेट में बच्चे के जिस्म व तक़दीर पर असरअंदाज होती है। गोया वह बदज़ेब,

फ़राख़ नथनोंवाली हेटली मैया अपनी बहू हमीदा बानो के पेट से किसी अकबरे-आज़म की मुतवक़्क़े है। चार बच्चों, तीन मर्दों, दो औरतों, चार भैंसों पर मुशतमिल बड़ा कुनबा और अकेली वह… दोपहर तक तो होली बर्तनों का अंबार साफ़ करती रही। फिर जानवरों के लिए बिनौले, खली और चने भिगोने चली। हत्ता कि उसके कूल्हे दर्द से फटने लगे और बग़ावत-पसंद बच्चा पेट में अपनी बेबिज़ाअत, (सोमर्थ्यहीन), मगर होली को तड़पा देनेवाली हरकतों से एहतजाज (विद्रोह) करने लगा। होली शिकस्त के एहसास से चौकी पर बैठ गई, लेकिन वह बहुत देर तक चौकी या फ़र्श पर बैठने के क़ाबिल न थी और फिर मैया के ख़याल के मुताबिक़ चौड़ी-चकली चौकी पर बहुत देर बैठने से बच्चे का सिर चपटा होता है। मूढ़ा हो तो अच्छा है। कभी-कभी होली मैया और कायस्थों की आँख बचाकर खाट पर सीधी पड़ जाती और एक शिकम-पुर (गर्भवती) कुतिया की तरह टाँगों को अच्छी तरह से फैलाकर जंभाई लेती और फिर उसी वक़्त काँपते हुए हाथ से अपने नन्हें से दोज़ख़ को सहलाने लगती।

यह ख़याल करने से कि वह सीतल की बेटी है, वह अपने आपको रोक न सकती थी। सीतल सारंग देव ग्राम का एक मुतमव्वल (मालदार) साहूकार था और सारंग देवग्राम के नवाह चारों ओर के बीस गाँव के किसान उससे ब्याज पर रुपया लेते थे, उसके बावजूद उसे कायस्थों के यहाँ ज़लील किया जाता था। होली के साथ कुत्तों से भी बुरा सुलूक होता था। कायस्थों को तो बच्चे चाहिए, होली जहन्नुम में जाए। गोया सारे गुजरात में यह कायस्थ ही कुलवधू का सही मतलब समझते थे।

हर साल-डेढ़ साल के बाद वह एक नया कीड़ा घर में रेंगता हुआ देखकर ख़ुश होते थे और बच्चे की वजह से खाया-पिया होली के जिस्म पर असर-अंदाज़ नहीं होता था। शायद उसे रोटी भी इसीलिए दी जाती थी कि पेट में बच्चा माँगता है और इसीलिए उसे हमल के शुरू में चाट और अब फल आज़ादाना (आजादी के साथ) दिए जाते थे।

'देवर है तो वह अलग पीट लेता है।' होली सोचती थी; 'और सास के कोसने मारपीट से कहीं बुरे हैं और बड़े कायस्थ जब डाँटने लगते हैं तो पाँव तले से ज़मीन निकल जाती है। इन सबको भला मेरी जान लेने का क्या हक़ है? रसीला की बात तो दूसरी है। शास्त्रों ने उसे परमात्मा का दर्जा दिया है, वह जिस छुरी से मारे उस छुरी का भला!… लेकिन क्या शास्त्र किसी औरत ने बनाए हैं? और मैया की तो बात ही अलहैदा है… शास्त्र किसी औरत ने लिखे

होते तो वह अपनी हर्मजिस पर उससे भी ज़्यादा पाबंदियाँ आयद करती···' राहू अपने नए भेस में निहायत इत्मीनान से अमृत पी रहा था। चाँद और सूरज ने विष्णु महाराज को उसकी इत्तला दी और भगवान ने सुदर्शन से राहू के दो टुकड़े कर दिए। उसका सिर और धड़ दोनों आसमान पर जाकर राहू और केतू बन गए। सूरज और चाँद दोनों उसके मक़रूज़ (ऋणी) हैं। अब वह हर साल दो मर्तबा चाँद और सूरज से बदला लेते हैं। और होली सोचती थी: 'भगवान के खेल भी न्यारे हैं··· और राहू की शक्ल कैसी अजीब है! एक काला-सा राक्षस, शेर पर चढ़ा हुआ देखकर कितना डर लगता है! रसीला भी तो शक्ल से राहू ही दिखाई देता है। मुन्ना की पैदाइश पर अभी चालीसवाँ भी न नहाई थी कि आ मौजूद हुआ··· क्या मुझे भी उसका क़र्ज़ा देना है?'

उस वक़्त होली के कानों में माँ-बेटे के आने की भनक पड़ी। होली ने दोनों हाथों से पेट को सँभाला और उठ खडी हुई और जल्दी से तवे को धीमी-धीमी आँच पर रख दिया। अब उसमें झुकने की ताब न थी कि फूँकें मारकर आग जला सके। उसने कोशिश भी की, लेकिन उसकी आँखें फटकर बाहर आने लगीं।

रसीला मरम्मत किया हुआ एक नया छाज हाथ में लिए अंदर दाख़िल हुआ। उसने जल्दी से हाथ धोए और मुँह में कुछ बड़बड़ाने लगा। उसके पीछे मैया आई और आते ही बोली: "बहू··· अनाज रखा है क्या?"

होली डरते-डरते बोली: "हाँ-हाँ··· रखा है··· नहीं रखा, याद आया, भूल गई थी मैया···"

होली ने रहम-जूयाना (कृपा-याचना) निगाहों से रसीले की तरफ़ देखा और बोली: "जी, मुझसे अनाज की बोरी हिलाई जाती है कहीं!"

मैया लाजवाब हो गई। और यूँ भी उसे होली की निस्बत उसके पेट में बच्चे की ज़्यादा परवा थी। शायद इसीलिए होली की आँखों में आँखें डालते हुए बोली:

"तूने सुरमा क्यों लगाया है री? राँड, जानती भी है, आज गहन है; जो बच्चा अंधा हो जाए तो तेरे-ऐसी बेंसवा उसे पालने चलेगी?"

होली चुप हो गई और नज़रें ज़मीन पर गाड़े हुए मुँह में बड़बड़ाती गई। और सब हो जाए लेकिन राँड की गाली उसकी बर्दाश्त से बाहर थी। उसे बड़बड़ाते देखकर मैया और भी बकती-झकती चाबियों का गुच्छा तलाश करने लगी। एक मैले शमादान के क़रीब सुरमा पीसने का खरल रखा हुआ था। उसमें से चाबियों का गुच्छा निकालकर वह भंडारे की तरफ़ चली गई। रसीले ने

एक पुरहवस निगाह से होली की तरफ़ देखा। उस वक़्त होली अकेली थी। रसीले ने आहिस्ता से आँचल को छुआ। होली ने डरते-डरते दामन झटक दिया और अपने देवर को आवाज़ें देने लगी। गोया दूसरे आदमी की मौजूदगी चाहती है। इस कैफ़ियत में मर्द को ठुकरा देना मामूली बात नहीं होती! रसीला आवाज़ को चबाते हुए बोला :

"मैं पूछता हूँ भला इतनी जल्दी काहे की थी ?"

"जल्दी कैसी ?"

रसीला पेट की तरफ़ इशारा करते हुए बोला ; "यही...तुम भी तो कुतिया हो, कुतिया !"

होली सहमकर बोली . "तो इसमें मेरा क्या क़ुसूर है ?"

होली ने नादानिस्तगी (नासमझी) में रसीले को वहशी, बदचलन, हवस रां सभी कुछ कह दिया। चोट सीधी पड़ी। रसीला के पास इस बात का कोई जवाब न था। लाजवाब आदमी का जवाब चपत होता है और दूसरे लम्हे में उँगलियों के निशान होली के गालों पर दिखाई देने लगे। उस वक़्त मैया माश की टोकरी उठाए हुए भंडारे की तरफ़ से आई और बहू से बदसुलूकी करने की वजह से बेटे को झिड़कने लगी। होली को रसीले पर तो ग़ुस्सा न आया, अलबत्ता मैया की इस आदत से जल-भुन गई। 'राँड, आप मारे तो उससे भी जियादा, और जो बेटा कुछ कहे तो हमदर्दी जताती है, बड़ी आई है...'

होली सोचती थी, कल रसीला ने इसलिए मारा था कि मैंने इसकी बात का जवाब नहीं दिया और आज इसलिए मारा कि मैंने बात का जवाब दिया है। मैं जानती हूँ वह मुझसे क्यों नाराज़ है ? क्यों गालियाँ देता है। मेरे खाने-पकाने, उठने-बैठने में उसे क्यों सलीक़ा नहीं दिखाई देता...और मेरी यह हालत है कि नाक में दम आ चुका है और मर्द औरत को मुसीबत में मुब्तला करके आप अलग हो जाते हैं, यह मर्द...!

मैया ने कुछ बासमती, दालें और नमक वग़ैरह रसोई में बिखेर दिया और फिर एक भीगी हुई तराज़ू में उसे तोलने लगी। तराज़ू गीली थी, यह मैया भी देख रही थी और जब बासमती चावल पेंदे से चिमट गए तो बहू मरती-करती फूहड़ हो गई और आप इतनी सुघड़ कि नए दुपट्टे से पैंदा साफ़ करने लगी। जब बहुत मैला हो गया तो दुपट्टे को सिर पर से उतारकर होली की तरफ़ फेंक दिया और बोली : "ले, धो डाल।"

अब होली नहीं जानती बिचारी कि वह रोटियाँ पकाए या दुपट्टा धोए।

बोले या न बोले, हिले या न हिले, वह कुतिया है या नवाबजादी। उसने दुपट्टा धोने में ही मसलहत समझी। इस वक़्त चाँद ग्रहन के ज़ुमरे में दाख़िल होनेवाला ही होगा, बच्चा धुले हुए कपड़े की तरह चुरमुर-सा पैदा होगा और अगर माह-दो माह बाद बच्चे का बुरा-सा चेहरा देखकर उसे कोसा जाए तो उसमें होली का क्या क़ुसूर है ?... लेकिन क़ुसूर और बेक़ुसूरी की तो बात ही अलहैदा है ! क्योंकि यह कोई सुनने के लिए तैयार नहीं कि इसमें होली का गुनाह क्या है ? सब गुनाह होली का है।

उसी वक़्त होली को सारंग देवग्राम याद आ गया। किस तरह वह असौज के शुरू में दूसरी औरतों के साथ गरबा नाचा करती थी और भाभी के सिर पर रखे हुए घड़े के सूराख़ों में से रोशनी फूट-फूटकर दालान के चारों कोनों को मुनव्वर कर दिया करती की। इस वक़्त सब औरतें अपने हिना-बालीदा (मेंहदी लगे) हाथों से तालियाँ बजाया करती थीं और गाया करती थीं :

माहनदी तो ओइ मालवे ऐनो रंग गयो गुजरात रे
माहनदी रंग लागे रे[1]

उस वक़्त वह एक उछलने-कूदनेवाली अल्हड़ छोकरी थी, एक बहर व क़ाफ़िया से आज़ाद नज़्म ! जो चाहती थी, पूरा हो जाता था। घर में सबसे छोटी थी। नवाबजादी तो न थी और उसकी सहेलियाँ... वह भी अपने-अपने क़र्ज़ख़्वाहों के पास जा चुकी होंगी।

सारंग देवग्राम में ग्रहन के मौक़े पर जी खोलकर दान-पुण्य किया जाता है। औरतें इकट्ठी होकर त्रिवेदी घाट पर स्नान के लिए चली जाती हैं। फूल, नारियल, बताशे समंदर में बहाती हैं। पानी की एक उछाल मुँह खोले हुए आती है और सब फूल-पत्तों को क़ुबूल कर लेती है। उस वक़्त के स्नान से सब मर्द-औरतों के गुनाहों का क़फ़्फ़ारा (प्रायश्चित) हो जाता है। उन गुनाहों का, जिनका इर्तकाब लोग गुज़िश्ता साल करते रहे हैं। स्नान से सब पाप धुल जाते हैं। बदन और रूह पाक हो जाते हैं। समंदर की लहर लोगों के सब गुनाहों को बहाकर दूर, बहुत दूर एक नामालूम, नाक़ाबिले-उबूर, नाक़ाबिले-पैमाइश समंदर में ले जाती है... एक साल बाद फिर लोगों के बदन गुनाहों से आलूदा हो

---

1 माहनदी (हिना) तो मालवा वस्त हिंद में पैदा हुई। इसमें गुजरात रँगा हुआ है (गोया) उसे हिना का रंग चढ़ गया है।

जाते हैं, फिर गहना जाते हैं। फिर दया की एक लहर आती है और फिर पाक व साफ़।

जब ग्रहन शुरू होता है और चाँदी की नूरानी इस्मत पर दाग़ लग जाता है तो चंद लम्हात के लिए चारों तरफ़ ख़ामोशी और फिर राम नाम का जाप शुरू होता है। फिर घंटे, नाक़ूस (एक प्रकार का शंख) शंख एकदम बजने लगते हैं। इस शोरो-ग़ोग़ा में स्नान के बाद सब मर्द-औरतें जमघटे की सूरत में गाते-बजाते हुए गाँव वापस लौटते हैं।

ग्रहन के दौरान में ग़रीब लोग बाज़ारों और गली-कूचों में दौड़ते हैं। लँगड़े बैसाखियाँ घुमाते हुए अपनी-अपनी झोलियाँ और कशकोल (कमंडल) थामे प्लेग के चूहों की तरह एक-दूसरे पर गिरते-पड़ते भागते चले जाते हैं। क्योंकि राहू और केतू ने ख़ूबसूरत चाँद को अपनी गिरफ्त में पूरी तरह से जकड़ लिया है, नर्मदिल हिंदू दान देता है, ताकि ग़रीब चाँद को छोड़ दिया जाए। और दान लेने के लिए भागनेवाले भिखारी 'छोड़ दो, छोड़ दो, दान का वक़्त है ··· छोड़ दो' का शोर मचाते हुए मीलों की मुसाफ़रत (यात्रा) तय कर लेते हैं।

चाँद ग्रहन के ज़ुमरे में आनेवाला ही था। होली ने बच्चों को बड़े कायस्थ के पास छोड़ा, एक मैली-कुचैली धोती बाँधी और औरतों के साथ हरफूल बंदर की तरफ़ स्नान के लिए चली।

अब मैया, रसीला, बड़ा लड़का शिबू और होली सब समंदर की तरफ़ जा रहे थे। उनके हाथ में फूल थे, गजरे थे और आम के पत्ते थे। और बड़ी अम्माँ के हाथ में रुद्राक्ष की माला के अलावा मुश्क काफ़ूर था, जिसे वह जलाकर पानी की लहरों में बहा देना चाहती थी, ताकि मरने के बाद सफ़र में उसका रास्ता रोशन हो जाए और होली डरती थी ··· क्या उसके गुनाह समंदर के पानी से धुल जाएँगे?

समंदर के किनारे, घाट से पौन मील के क़रीब, एक लांच खड़ा था। वह जगह हरफूल बंदर का एक हिस्सा थी, बंदर के छोटे-से नाहमवार साहिल और एक मुख़्तसर-से डाक पर कुछ टेंडल ग़ुरुबे-आफ़ताब में रोशनी और अँधेरे की कशमकश के ख़िलाफ़ नन्हें-नन्हें बेबिज़ाअत-से (सामर्थ्यहीन) ख़ाके बना रहे थे और लांच के किसी केबिन से एक हल्की-सी टिमटिमाती हुई रोशनी सीमाबदार (मुक्तामय) पानी की लहरों पर नाच रही थी। उसके बाद एक चर्ख़ी-सी घूमती हुई दिखाई दी। चंद-एक धुँधले-से साए एक अज़दहानुमा रस्से को खींचने लगे। आठ बजे स्टीमर लांच की आख़िरी सीटी थी। फिर वह

सारंग देवग्राम की तरफ़ रवाना होगा। अगर होली उस पर सवार हो जाए तो फिर डेढ़-दो घंटे में चाँदनी में नहाते हुए गोया सदियों से आशना (परिचित) वह कलश दिखाई देने लगें... और फिर वही अम्माँ... कुँवारपन और गरबा नाच!

होली ने एक नज़र से शिबू की तरफ देखा। शिबू हैरान था कि उसकी माँ ने इतनी भीड़ में झुककर उसका मुँह क्यों चूमा और एक गरम-गरम क़तरा कहाँ से उसके गालों पर आ पड़ा। उसने आगे बढ़कर रसीले की उँगली पकड़ ली। अब घाट आ चुका था, जहाँ से मर्द और औरतें अलहैदा होती थीं। हमेशा के लिए नहीं, फ़क़त चंद घंटों के लिए... इसी पानी की गवाही में वह अपने मर्दों से बाँध दी गई थीं। पानी में भी क्या पुरअसरार (रहस्यमय) बईद-उल-फ़हम (अबूझ) ताक़त है... और दूर से लांच की टिमटिमाती हुई रोशनी होली तक पहुँच रही थी।

होली ने भागना चाहा, मगर वह भाग भी तो न सकती थी। उसने अपनी हल्की-सी धोती को कसकर बाँधा... धोती नीचे की तरफ़ ढलक जाती थी... आध घंटे में वह लांच के सामने खड़ी थी। लांच के सामने नहीं, सारंग देवग्राम के सामने... वह कलश, मंदिर के घंटे, लांच की सोटी, और होली को याद आया कि उसके पास तो टिकट के लिए भी पैसे नहीं हैं।

वह कुछ अर्से तक लांच के एक कोने में बदहवास होकर बैठी रही। पौने आठ बजे के क़रीब एक टेंडल आया और होली से टिकट माँगने लगा। टिकट न पाने पर वह ख़ामोशी से वहाँ से टल गया। कुछ देर बाद मुलाज़िमों की सरगोशियाँ सुनाई देने लगीं... फिर अँधेरे में ख़फ़ीफ़ (हल्का)-से हँसने और बातें करने की आवाज़ें आने लगीं। कोई-कोई लफ़्ज़ होली के कान में भी पड़ जाता—मुर्ग़ी... दू ले... चाबियाँ मेरे पास हैं... पानी ज़्यादा होगा...

उसके बाद चंद वहशियाना क़हक़हे बुलंद हुए और कुछ देर बाद तीन-चार आदमी होली को लांच के एक तारीक कोने की तरफ़ ढकेलने लगे। उसी वक़्त आबकारी का एक सिपाही लांच में वारिद (प्रकट) हुआ। एन जबकि दुनिया होली की आँखों में तारीक हो रही थी, होली को उम्मीद की एक शुआ (किरण) दिखाई दी। वह सिपाही सारंग देवग्राम का ही एक छोकरा था और मैके के रिश्ते से भाई था। छः साल हुए वह बड़ी उमंगों के साथ गाँव से बाहर निकला था और साबरमती फाँदकर किसी नामालूम देश को चला गया था। कभी-कभी मुसीबत के वक़्त इन्सान के हवास बजा (ठीक) हो जाते हैं। होली ने सिपाही को आवाज़ से ही पहचान लिया और कुछ दिलेरी से बोली :

''कथोराम !''

कथोराम ने भी सीतल की छोकरी की आवाज़ पहचान ली। बचपन में वह उसके साथ खेला था।

कथोराम बोला :

''होले !''

होली यक़ीन से मामूर मगर भर्राई हुई आवाज़ में बोली : ''कथो भैया··· मुझे सारंगदेव ग्राम पहुँचा दो···''

कथोराम क़रीब आया—एक टेंडल को घूरते हुए बोला :

''सारंगदेव जाओगी होले ?'' और फिर सामने खड़े हुए आदमी से मुख़ातिब होते हुए बोला; ''तुमने इसे यहाँ क्यों रखा है भाई ?''

टेंडल जो सबसे क़रीब था, बोला :

''बिचारी कोई दुखिया है। इसके पास तो टिकट के पैसे भी नहीं थे। हम सोच रहे थे, हम इसकी क्या मदद कर सकते हैं ?''

कथोराम ने होली को साथ लिया और लांच से नीचे उतर आया। डाक पर क़दम रखते हुए बोला :

''होले··· क्या तुम असाढ़ी से भाग आई हो ?''

''हाँ।''

''यह शरीफजादियों का काम है ?··· और जो मैं कायस्थों को ख़बर कर दूँ तो··· ?''

होली डर से काँपने लगी। वह न तो नवाबजादी थी और न शरीफजादी। इस जगह और ऐसी हालत में वह कथोराम को कुछ कह भी तो न सकती थी। वह अपनी कमज़ोरी महसूस करती हुई ख़ामोशी से समंदर की लहरों के तलातुम की आवाज़ें सुनने लगी। फिर उसके सामने लांच के रस्से ढीले किए गए। एक हल्की-सी विसिल हुई और हौले-हौले सारंग देवग्राग होली की नज़रों से ओझल हो गया। उसने एक दफ़ा पीछे की जानिब देखा। लांच की हल्की-सी रोशनी में उसे झाग की एक लंबी-सी लकीर लांच का पीछा करती हुई दिखाई दी।

कथोराम बोला : ''डरो नहीं होले··· मैं तुम्हारी हर मुमकिन मदद करूँगा। यहाँ से कुछ दूर नाव पड़ती है। पौ फटे ले चलूँगा। यूँ घबराओ नहीं। आज की रात सराय में आराम कर लो।''

कथोराम होली को सराय में ले गया। सराय का मालिक बड़ी हैरत से कथोराम और उसके साथी को देखता रहा। आखिर जब वह न रह सका तो

उसने कथोराम से निहायत आहिस्ता आवाज़ में पूछा :

"यह कौन हैं ?"

कथोराम ने आहिस्ता से जवाब दिया : "मेरी पत्नी है ।"

होली की आँखें पथराने लगीं । एक दफ़ा उसने अपने पेट को सहारा दिया और दीवार का सहारा लेकर बैठ गई । कथोराम ने सराय में एक कमरा किराए पर लिया । होली ने डरते-डरते उस कमरे में क़दम रखा । कुछ देर बाद कथोराम अंदर आया तो उसके मुँह से शराब की बू आ रही थी···

समंदर की एक बड़ी भारी उछाल आई । सब फूल, बताशे, आम की टहनियाँ, गजरे और जलता हुआ मुश्क-क़ाफूर बहाकर ले गई । उसके साथ ही इंसान के मुहीबतरीन (भीषण) गुनाह भी लेती गई··· दूर, बहुत दूर, एक नामालूम, नाक़ाबिले-उबूर, नाक़ाबिले-पैमाइश समंदर की तरफ़··· जहाँ तारीकी ही तारीकी थी··· फिर शंख बजने लगे । उस वक़्त सराय में से कोई औरत निकलकर भागी । सरपट··· बगटूट··· वह गिरती थी, भागती थी, पेट पकड़कर बैठ जाती, हाँफती और दौड़ने लगती··· इस वक़्त आसमान पर चाँद पूरा गहना चुका था । राहू और केतू ने जी भरकर क़र्ज़ा वुसूल किया था···दो धुँधले-से साए इस औरत की मदद के लिए सरासीमा (उद्विग्न) इधर-उधर दौड़ रहे थे··· चारों तरफ़ अँधेरा ही अँधेरा था । और दूर, असाढ़ी से हल्की-हल्की आवाज़ें आ रही थीं :

"दान का वक़्त है···

छोड़ दो··· छोड़ दो··· छोड़ दो···"

हरफूल बंदर से आवाज़ आई :

"पकड़ लो··· पकड़ लो··· पकड़ लो···"

....

....

"छोड़ दो··· दान का वक़्त है··· पकड़ लो··· छोड़ दो !!"

लाजवंती

''हथ लाइयाँ कुम्हलाँनी लाजवंती दे बूटे !''
(यह छुई-मुई के पौधे हैं री, हाथ भी लगाओ तो कुम्हला जाते हैं ।)
—एक पंजाबी गीत

बँटवारा हुआ और बेशुमार ज़ख़्मी लोगों ने उठकर अपने बदन पर से ख़ून पोंछ डाला और फिर सब मिलकर उनकी तरफ़ मुतवज्जे हो गए जिनके बदन सही व सालिम थे, लेकिन दिल ज़ख़्मी ।

गली-गली, मुहल्ले-मुहल्ले में 'फिर बसाओ' कमेटियाँ बन गई थीं और शुरू-शुरू में बड़ी तंदही के साथ ''कारोबार में बसाओ', 'ज़मीन पर बसाओ' और 'घरों में बसाओ' प्रोग्राम शुरू कर दिया गया था । लेकिन एक प्रोग्राम ऐसा था जिसकी तरफ़ किसी ने तवज्जोह न दी थी । वह प्रोग्राम मुग़विया (अपहृत) औरतों के सिलसिले में था, जिसका स्लोगन था 'दिल में बसाओ' । और इस प्रोग्राम की नारायण बावा के मंदिर और उसके आसपास बसनेवाले क़दामतपसंद तबक़े की तरफ़ से बड़ी मुख़ालफ़त होती थी···

इस प्रोग्राम को हरकत में लाने के लिए मंदिर के पास मुहल्ले 'मुल्ला शकूर' में एक कमेटी क़ायम हो गई और ग्यारह वोटों की अकसरियत से सुंदरलाल बाबू को उसका सेक्रेटरी चुन लिया गया । वकील साहब सदर, चौकी कलाँ का बूढ़ा मुहर्रिर और मुहल्ले के दूसरे मौतबर लोगों का ख़याल था कि सुंदरलाल से ज़्यादा जाँफ़िशानी के साथ उस काम को कोई और न कर सकेगा । शायद इसलिए कि सुंदरलाल की अपनी बीवी अगवा हो चुकी थी और उसका नाम था भी लाजो, लाजवंती ।

चुनाँचे प्रभातफेरी निकालते हुए जब सुंदरलाल बाबू, उसका साथी रसालू

और नेकीराम वग़ैरह मिलकर गाते : "हथ लाइयाँ कुम्हलाँनी लाजवंती दें बूटे" तो सुंदरलाल की आवाज़ एकदम बंद हो जाती और वह ख़ामोशी के साथ चलते-चलते लाजवंती की बाबत सोचता : 'जाने वह कहाँ होगी, किस हाल में होगी, हमारी बाबत क्या सोच रही होगी, वह कभी आएगी भी या नहीं ?'... और पत्थरीले फ़र्श पर चलते-चलते उसके क़दम लड़खड़ाने लगते।

और अब तो यहाँ तक नौबत आ गई थी कि उसने लाजवंती के बारे में सोचना ही छोड़ दिया था। उसका ग़म अब दुनिया का ग़म हो चुका था। उसने अपने दुख से बचने के लिए लोकसेवा में अपने आपको ग़र्क़ कर दिया। इसके बावजूद दूसरे साथियों की आवाज़ में आवाज़ मिलाते हुए उसे यह ख़याल ज़रूर आता, इंसानी दिल कितना नाज़ुक होता है। ज़रा-सी बात पर उसे ठेस लग सकती है। वह लाजवंती के पौधे की तरह है, जिसकी तरफ़ हाथ भी बढ़ाओ तो कुम्हला जाता है। लेकिन उसने अपनी लाजवंती के साथ बदसुलूकी करने में कोई भी कसर न उठा रखी थी। वह उसे जगह-बेजगह उठने-बैठने, खाने की तरफ़ बेतवज्जोही बरतने और ऐसी ही मामूली-मामूली बातों पर पीट दिया करता था।

और लाजो एक पतली शहतूत की डाल की तरह नाज़ुक-सी देहाती लड़की थी। ज़्यादा धूप देखने की वजह से उसका रंग सँवला चुका था। तबीअत में एक अजीब तरह की बेक़रारी थी। उसका इज़्तरार शबनम के उस क़तरे की तरह था जो पारा किरास के बड़े-से पत्ते पर कभी इधर और कभी उधर लुढ़कता रहता है। उसका दुबलापन उसकी सेहत के ख़राब होने की दलील न थी। एक सेहतमंदी की निशानी थी, जिसे देखकर भारी-भरकम सुंदरलाल पहले तो घबराया, लेकिन जब उसने देखा कि लाजो हर क़िस्म का बोझ, हर क़िस्म का सदमा, हत्ता कि मार-पीट तक सह गुज़रती है तो वह अपनी बदसुलूकी को ब-तद्रीज (क्रमशः) बढ़ाता गया और उसने उन हदों का ख़याल भी न किया, जहाँ पहुँच जाने के बाद किसी भी इंसान का सब्र टूट सकता है। इन हदों को धुँधला देने में लाजवंती ख़ुद भी तो ममद (सहायक) साबित हुई थी। चूँकि वह देर तक उदास न बैठ सकती थी इसलिए बड़ी-से-बड़ी लड़ाई के बाद भी सुंदरलाल के सिर्फ़ एक बार मुस्करा देने पर वह अपनी हँसी न रोक सकती और लपककर उसके पास चली आती और गले में बाँहें डालते हुए कह उठती : "फिर मारा तो मैं तुमसे नहीं बोलूँगी..." साफ़ पता चलता था, वह एकदम सारी मारपीट भूल चुकी है। गाँव की दूसरी लड़कियों की तरह वह भी जानती थी कि

मर्द ऐसा ही सुलूक किया करते हैं, बल्कि औरतों में कोई भी सरकशी करती तो लड़कियाँ ख़ुद ही नाक पर उँगली रखके कहतीं : 'ले वह भी कोई मर्द है भला, औरत जिसके क़ाबू में नहीं आती···' और यह मारपीट उनके गीतों में चली गई थी। ख़ुद लाजो गाया करती थी : 'मैं शहर के लड़के से शादी न करूँगी। वह बूट पहनता है और मेरी कमर बड़ी पतली है···।' लेकिन पहली ही फ़ुर्सत में लाज़ो ने शहर ही के एक लड़के से लौ लगा ली और उसका नाम था सुंदरलाल, जो एक बरात के साथ लाजवंती के गाँव चला आया था और जिसने दूल्हा के कान में सिर्फ़ इतना-सा कहा था : 'तेरी साली तो बड़ी नमकीन है यार, बीवी भी चटपटी होगी।' लाजवंती ने सुंदरलाल की इस बात को सुन लिया था, मगर वह यह भूल ही गई कि सुंदरलाल कितने बड़े-बड़े और भद्दे बूट पहने हुए है और उसकी अपनी कमर कितनी पतली है!

और प्रभातफेरी के समय ऐसी ही बातें सुंदरलाल को याद आतीं और वह यही सोचता : एक बार, सिर्फ़ एक बार लाजो मिल जाए तो मैं उसे सचमुच ही दिल में बसा लूँ और लोगों को बता दूँ कि इन बिचारी औरतों के अग़वा हो जाने में उनका कोई क़ुसूर नहीं। फ़सादियों की हवसनाकियों का शिकार हो जाने में उनकी कोई ग़लती नहीं। वह समाज जो इन मासूम और बेक़ुसूर औरतों को क़ुबूल नहीं करता, उन्हें अपना नहीं लेता···एक गला-सड़ा समाज है और उसे ख़त्म कर देना चाहिए···वह उन औरतों को घरों में आबाद करने की तलक़ीन (उपदेश) किया करता और उन्हें ऐसा मर्तबा देने की प्रेरणा करता जो घर में किसी भी औरत, किसी भी माँ, बेटी, बहन या बीवी को दिया जाता है। फिर वह कहता : 'उन्हें इशारे और किनाए से भी ऐसी बातों की याद नहीं दिलानी चाहिए जो उनके साथ हुईं; क्योंकि उनके दिल ज़ख़्मी हैं। वह नाज़ुक हैं, छुई-मुई की तरह···हाथ भी लगाओ तो कुम्हला जाएँगे···'

गोया 'दिल में बसाओ' प्रोग्राम को अमली जामा पहनाने के लिए मुहल्ला मुल्ला शकूर की इस कमेटी ने कई प्रभातफेरियाँ निकालीं। सुबह चार-पाँच बजे का वक़्त उनके लिए मौज़ूँतरीन (बहुत उपयुक्त) वक़्त होता था। न लोगों का शोर, न ट्रैफिक की उलझन। रात-भर चौकीदारी करनेवाले कुत्ते तक बुझे हुए तनूरों में सिर देकर पड़े होते थे। अपने-अपने बिस्तरों में दुबके हुए लोग प्रभातफेरीवालों की आवाज़ सुनकर सिर्फ़ इतना कहते : "ओ! वही मंडली है!" और फिर कभी सब्र और कभी तुनकमिज़ाजी से वह बाबू सुंदरलाल का प्रोपेगेंडा सुना करते। वे औरतें जो बड़ी महफ़ूज उस पार पहुँच गई थीं, गोभी के फूलों की

तरह फैली पड़ी रहतीं और उनके ख़ाविंद उनके पहलू में डंठलों की तरह अकड़े पड़े-पड़े प्रभातफेरी के शोर पर एहतजाज (विरोध) करते हुए मुँह में कुछ मिनमिनाते चले जाते। या कहीं कोई बच्चा थोड़ी देर के लिए आँखें खोलता और 'दिल में बसाओ' के फ़रियादी और अंदोहगीं प्रोपेगेंडे को सिर्फ़ एक गाना समझ के फिर सो जाता।

लेकिन सुबह के समय कान में पड़ा हुआ शब्द बेकार नहीं जाता। वह सारा दिन एक तकरार के साथ दिमाग़ में चक्कर लगाता रहता है और बाज़ वक़्त तो इंसान इसके मानी को भी नहीं समझता, पर गुनगुनाता चला जाता है। इसी आवाज़ के घर कर जाने की बदौलत ही, उन्हीं दिनों जबकि मिस मृदुला साराभाई हिंद और पाकिस्तान के दरम्यान अग़वाशुदा औरतें तबादले में लाईं तो मुहल्ला मुल्ला शकूर के कुछ आदमी उन्हें फिर से बसाने के लिए तैयार हो गए। उनके वारिस शहर से बाहर चौकी कलाँ पर उनसे मिलने के लिए गए। मुग़विया औरतें और उनके लवाहक़ीन कुछ देर एक-दूसरे को देखते रहे और फिर सिर झुकाए अपने-अपने बरबाद घरों को फिर से आबाद करने के काम पर चल दिए। रिसालू और नेकीराम और सुंदरलाल बाबू कभी 'महेंद्र सिह ज़िंदाबाद' और कभी 'सोहनलाल ज़िंदाबाद' के नारे लगाते... और वह नारे लगाते रहे, हत्ता कि उनके गले सूख गए...

लेकिन मुग़विया औरतों में कुछ ऐसी भी थीं जिनके शौहरों, जिनके माँ, बाप, बहन और भाइयों ने उन्हें पहचानने से इनकार कर दिया था। आख़िर वह मर क्यों न गईं? अपनी इफ़्फ़त (पवित्रता) और इस्मत को बचाने के लिए उन्होंने ज़हर क्यों न खा लिया? कुएँ में छलाँग क्यों न लगा दी? वह बुज़दिल थीं जो इस तरह ज़िंदगी से चिमटी हुई थीं। सैकड़ों-हज़ारों औरतों ने अपनी इस्मत लुट जाने से पहले अपनी जान दे दी। लेकिन उन्हें क्या पता कि वह ज़िंदा रहकर क़िस बहादुरी से काम ले रही हैं, कैसे पथराई हुई आँखों से मौत को घूर रही हैं, ऐसी दुनिया में, जहाँ उनके शौहर तक उन्हें नहीं पहचानते। फिर उनमें से कोई जी ही जी में अपना नाम दोहराती; 'सुहागवंती... सुहागवाली...' और अपने भाई को जम्मे-ग़फ़ीर (भीड़-भाड़) में देखकर आख़िरी बार इतना कहती: "तू भी मुझे नहीं पहचानता बिहारी? मैंने तुझे गोदी खिलाया था, रे!" और बिहारी चिल्ला देना चाहता। फिर वह माँ-बाप की तरफ़ देखता और माँ-बाप अपने जिगर पर हाथ रखकर नारायण बाबा की तरफ़ देखते और निहायत बेबसी के आलम में नारायण बाबा आसमान की तरफ़ देखता जो दरअसल कोई हक़ीक़त

नहीं रखता और जो सिर्फ़ हमारी नज़र का धोखा है। जो सिर्फ़ एक हद है, जिसके पार हमारी निगाहें काम नहीं करतीं।

लेकिन फ़ौजी ट्रक में मिस साराभाई तबादले में जो औरतें लाईं, उनमें लाजो न थी। सुंदरलाल ने उम्मीदो-बीम (आशा और निराशा) से आख़िरी लड़की को ट्रक से नीचे उतरते देखा और फिर उसने बड़ी ख़ामोशी और बड़े अज़्म (संकल्प) से अपनी कमेटी की सरगर्मियों को दोचंद कर दिया। अब वह सिर्फ़ सुबह के समय ही प्रभातफेरी के लिए न निकलते थे बल्कि शाम को भी जुलूस निकालने लगे, और कभी-कभी एक-आध छोटा-मोटा जलसा भी करने लगे, जिसमें कमेटी का बूढ़ा सदर वकील कालका प्रशाद सूफ़ी खँकारों से मिली-जुली एक तक़रीर कर दिया करता और सालू एक पीकदान लिए ड्यूटी पर हमेशा मौजूद रहता। लाउडस्पीकर से अजीब तरह की आवाज़ें आतीं। फिर कहीं नेकीराम, मुहर्रिर चौकी कुछ कहने के लिए उठते। लेकिन वह जितनी भी बातें कहते और जितने भी शास्त्रों और पुराणों का हवाला देते, उतना ही अपने मक़सद के ख़िलाफ़ बातें करते और यूँ मैदान हाथ से जाते देखकर सुंदरलाल बाबू उठता लेकिन वह दो फ़िक़रों के अलावा कुछ भी न कह पाता। उसका गला रुँध जाता। उसकी आँखों से आँस बहने लगते और रुआँसा होने के कारण वह तक़रीर न कर पाता। आख़िर बैठ जाता। लेकिन मजमे पर एक अजीब तरह की ख़ामोशी छा जाती और सुंदरलाल बाबू की इन दो बातों का असर, जो कि उसके दिल की गहराइयों से चली आतीं, वकील कालका प्रशाद सूफ़ी की सारी नासेहाना फ़साहत (उपदेशपरक सादगी) पर भारी होता। लेकिन लोग वहीं रो देते, अपने जज़्बात को आसूदा (तृप्त) कर लेते और फिर ख़ाली-उल-ज़ेहन घर लौट जाते...

एक रोज़ कमेटीवाले साँझ के समय भी प्रचार करने चले आए और होते-होते क़दामतपसंदों (रूढ़िवादियों) के गढ़ में पहुँच गए। मंदिर के बाहर पीपल के एक पेड़ के इर्दगिर्द सीमेंट के थड़े पर कई श्रद्धालु बैठे थे और रामायण की कथा हो रही थी। नारायण बाबा रामायण का वह हिस्सा सुना रहे थे, जहाँ एक धोबी ने अपनी धोबन को घर से निकाल दिया था और उससे कह दिया कि मैं राजा रामचंद्र नहीं जो इतने साल रावण के साथ रह आने पर भी सीता को बसा लेगा और रामचंद्र जी ने महासतवंती सीता को घर से निकाल दिया ऐसी हालत में, जबकि वह गर्भवती थी। क्या इससे भी बढ़कर रामराज का कोई सुबूत मिल सकता है? नारायण बाबा ने कहा : "यह है रामराज! जिसमें एक

धोबी की बात को भी उतनी ही क़द्र की निगाह से देखा जाता है।"

कमेटी का जुलूस मंदिर के पास रुक चुका था और लोग रामायण की कथा और श्लोक का वर्णन सुनने के लिए ठहर चुके थे। सुंदरलाल आख़िरी फ़िक़रे सुनते हुए कह उठा : "हमें ऐसा रामराज नहीं चाहिए बाबा!"

"चुप रहो जी ··· तुम कौन होते हो?" ··· "खामोश!" मजमे से आवाज़ें आईं और सुंदरलाल ने बढ़कर कहा : "मुझे बोलने से कोई नहीं रोक सकता।"

फिर मिलीजुली आवाज़ें आईं : "ख़ामोश! ··· हम नहीं बोलने देंगे।" और एक कोने में से यह भी आवाज़ आई : "मार देंगे!"

नारायण बाबा ने बड़ी मीठी आवाज़ में कहा : "तुम शास्त्रों की मान-मर्यादा को नहीं समझते सुंदरलाल!"

सुंदरलाल ने कहा : "मैं एक बात तो समझता हूँ बाबा, रामराज में धोबी की आवाज़ तो सुनी जाती है लेकिन सुंदरलाल की नहीं।"

इन्हीं लोगों ने, जो अभी मारने पर तुले थे, अपने नीचे से पीपल की गूलरें हटा दीं और फिर से बैठते हुए बोल उठे; "सुनो, सुनो, सुनो ···"

रसालू और नेकीराम ने सुंदरलाल बाबू को ठोका दिया और सुंदरलाल बोले : "श्री राम नेता थे हमारे। पर यह क्या बात है बाबा जी, उन्होंने धोबी की बात को सत्य समझ लिया, मगर इतनी बड़ी महारानी के सत्य पर विश्वास न कर पाए?"

नारायण बाबा ने अपनी दाढ़ी की खिचड़ी पकाते हुए कहा : "इसलिए कि सीता उनकी अपनी पत्नी थी। सुंदरलाल! तुम इस बात की महानता को नहीं जानते।"

"हाँ बाबा," सुंदरलाल बाबू ने कहा; "इस संसार में बहुत-सी बातें हैं जो मेरी समझ में नहीं आतीं। पर मैं सच्चा रामराज उसे समझता हूँ जिसमें इंसान अपने आप पर भी ज़ुल्म नहीं कर सकता। अपने आपसे बेइंसाफ़ी करना उतना ही बड़ा पाप है जितना किसी दूसरे से बेइंसाफ़ी करना ··· आज भी भगवान राम ने सीता को घर से निकाल दिया है, इसलिए कि वह रावण के पास रह आई है ··· इसमें क्या क़ुसूर था सीता का? क्या वह भी हमारी बहुत-सी माओं-बहनों की तरह एक छल और कपट की शिकार न थी? इसमें सीता के सत्य और असत्य की बात है या राक्षस रावण के वहशीपन की, जिसके दस सिर इंसान के थे लेकिन एक और सबसे बड़ा सिर गधे का था?

"आज हमारी सीता निर्दोष घर से निकाल दी गई है ··· सीता ··· लाजवंती ···"

और सुंदरलाल बाबू ने रोना शुरू कर दिया। रिसालू और नेकीराम ने तमाम वह सुर्ख़ झंडे उठा लिए जिन पर आज ही स्कूल के छोकरों ने बड़ी सफ़ाई से नारे काट के चिपका दिए थे और फिर वह सब "सुंदरलाल बाबू ज़िंदाबाद" के नारे लगाते हुए चल दिए। जुलूस में से एक ने कहा : "महासती सीता, जिंदाबाद !" एक तरफ़ से आवाज़ आई : "श्रीरामचंद्र..."

और फिर बहुत-सी आवाज़ें आई : "ख़ामोश ! ख़ामोश !" और नारायण बाबा की महीनों की कथा अकारत चली गई। बहुत-से लोग जुलूस में शामिल हो गए, जिसके आगे-आगे वकील कालका प्रशाद और हुकम सिंह मुहर्रिर चौकी कलाँ, जा रहे थे; अपनी बूढ़ी छड़ियों को ज़मीन पर मारते और एक फ़ातहाना-सी आवाज़ पैदा करते हुए... और उनके दरम्यान कहीं सुंदरलाल जा रहा था। उसकी आँखों से अभी तक आँसू बह रहे थे। आज उसके दिल को बड़ी ठेस लगी थी और लोग बड़े जोश के साथ एक-दूसरे के साथ मिलकर गा रहे थे :

"हथ लाइयाँ कुम्हलाँनी लाजवंती दे बूटे...!"

अभी गीत की आवाज़ लोगों के कानों में गूँज रही थी। अभी सुबह भी नहीं हो पाई थी और मुहल्ला मुल्ला शकूर के मकान 414 की विधवा अभी तक अपने बिस्तर में कर्बनाक (बेचैन)-सी अँगड़ाइयाँ ले रही थी कि सुंदरलाल का 'गराईं' लालचंद, जिसे अपना असर व रसूख़ इस्तेमाल करके सुंदरलाल और ख़लीफ़ा कालका प्रशाद ने राशन डिपो दे दिया था, दौड़ा-दौड़ा आया और अपनी गाढ़े की चादर से हाथ फैलाते हुए बोला :

"बधाई हो सुंदरलाल !"

सुंदरलाल ने मीठा तंबाकू चिलम में रखते हुए कहा : "किस बात की बधाई लालचंद ?"

"मैंने लाजो भाभी को देखा है।"

सुंदरलाल के हाथ से चिलम गिर गई और मीठा तंबाकू फ़र्श पर बिखर गया : "कहाँ देखा है ?" उसने लालचंद को कंधों से पकड़ते हुए पूछा और जल्द जवाब न पाने पर झंझोड़ दिया।

"वागह की सरहद पर।"

सुंदरलाल ने लालचंद को छोड़ दिया और इतना-सा बोला : "कोई और होगी।"

लालचंद ने यक़ीन दिलाते हुए कहा : "नहीं भैया, वह लाजो ही थी, लाजो !"

"तुम उसे पहचानते भी हो ?" सुंदरलाल ने फिर से मीठे तंबाकू को फ़र्श पर से उठाते और हथेली पर मसलते हुए पूछा और ऐसा करते हुए उसने रिसालो की चिलम हुक्के पर से उठा ली और बोला : "भला क्या पहचान है उसकी ?"

"एक तंदोला (गोदना) ठोड़ी पर है, दूसरा गाल पर⋯"

"हाँ⋯हाँ⋯हाँ !" और सुंदरलाल ने ख़ुद ही कह दिया : "तीसरा माथे पर।" वह नहीं चाहता था अब कोई ख़दशा रह जाए और एकदम उसे लाजवंती के जाने-पहचाने जिस्म के सारे तंदोले याद आ गए, जो उसने बचपने में अपने जिस्म पर बनवा लिए थे, जो उन हल्के-हल्के सब्ज़ दानों की मानिंद थे, जो छुईमुई के पौधे के बदन पर होते हैं और जिसकी तरफ़ इशारा करते ही वह कुम्हलाने लगता है। बिल्कुल उसी तरह इन तंदोलों की तरफ़ उँगली करते ही लाजवंती शरमा जाती थी⋯और गुम हो जाती थी, अपने आप् में सिमट जाती थी। गोया उसके सब राज़ किसी को मालूम हो गए हों और किसी नामालूम ख़ज़ाने के लुट जाने से वह मुफ़लिस (निर्धन) हो गई हो⋯सुंदरलाल का सारा जिस्म एक अनजाने ख़ौफ़, एक अनजानी मुहब्बत और उसकी मुक़द्दस (पवित्र) आग में फुँकने लगा। उसने फिर से लालचंद को पकड़ लिया और पूछा :

"लाजो वागह कैसे पहुँच गई ?"

लालचंद ने कहा : "हिंद और पाकिस्तान में औरतों का तबादला हो रहा था ना।"

"फिर क्या हुआ⋯?" सुंदरलाल ने उकड़ूँ बैठते हुए कहा : "क्या हुआ फिर ?"

रसालू भी अपनी चारपाई पर उठ बैठा और तंबाकूनोशों की मख़सूस खाँसी खाँसते हुए बोला : "सचमुच आ गई है लाजवंती भाभी ?"

लालचंद ने अपनी बात जारी रखते हुए कहा : "वागह पर सोलह औरतें पाकिस्तान ने दे दीं और उसके एवज़ सोलह औरतें ले लीं⋯लेकिन एक झगड़ा खड़ा हो गया। हमारे वालेंटियर एतराज़ कर रहे थे कि तुमने जो औरतें दी हैं उनमें अधेड़, बूढ़ी और बेकार औरतें ज़्यादा हैं। इस तनाज़े पर लोग जमा हो गए। उस वक़्त उधर के वालेंटियरों ने लाजो भाभी को दिखाते हुए कहा : 'तुम इसे बूढ़ी कहते हो ? देखो⋯देखो⋯जितनी औरतें तुमने दी हैं उनमें से एक भी बराबरी करती है इसकी ?' और वहाँ लाजो भाभी सबकी नज़रों के सामने अपने तंदोले छुपा रही थी।

"फिर झगड़ा बढ़ गया। दोनों ने अपना-अपना 'माल' वापस ले लेने की ठान ली। मैंने शोर मचाया : 'लाजो ··· लाजो भाभी ···' मगर हमारी क़ौम के सिपाहियों ने हमें ही मार-मार के भगा दिया।"

और लालचंद अपनी कोहनी दिखाने लगा, जहाँ उसे लाठी पड़ी थी। रसालू और नेकीराम चुपचाप बैठे रहे और सुंदरलाल कहीं दूर देखने लगा। शायद सोचने लगा, लाजो आई भी पर न आई ··· और सुंदरलाल की शक्ल ही से जान पड़ता था जैसें वह बीकानेर का सहरा (रेगिस्तान) फाँदकर आया है और अब कहीं दरख़्त की छाँव में, ज़बान निकाले हाँफ रहा है। मुँह से इतना भी नहीं निकलता : 'पानी दे दो।' उसे यूँ महसूस हुआ, बँटवारे से पहले और बँटवारे के बाद का तशद्दुद (अत्याचार) अभी तक कारफ़रमा है। सिर्फ़ उसकी शक्ल बदल गई है। अब लोगों में पहला-सा दरेग़ भी नहीं रहा। किसी से पूछो, साँभरवाला में लहनासिंह रहा करता था और उसकी भाभी बनतो—तो वह झट से कहता, 'मर गए' और उसके बाद मौत और उसके मफ़हूम से बिल्कुल बेख़बर बिल्कुल आरी (रिक्त) आगे चला जाता। इससे भी एक क़दम आगे बढ़कर बड़े ठंडे दिल से ताजिर इंसानी माल, इंसानी गोश्त और पोस्त (चमड़ी)की तिजारत और उसका तबादला करने लगे। मवेशी ख़रीदनेवाले किसी भैंस या गाय का जबड़ा खोलकर दाँतों से उसकी उम्र का अंदाज़ा करते थे।

अब वह जवान औरत के रूप, उसके निखार, उसके अज़ीज़तरीन राज़ों, उसके तंदोलों की सरे-आम (आम रास्ते में) नुमाइश करने लगे। तशद्दुद अब ताजिरों की नस-नस में बस चुका है, पहले मंडी में माल बिकता था और भाव-ताव करनेवाले हाथ मिलाकर उस पर एक रूमाल डाल लेते और यूँ 'गुप्ती' कर लेते गोया रूमाल के नीचे उँगलियों के इशारों से सौदा हो जाता था। अब 'गुप्ती' का रूमाल भी हट चुका था और सामने सौदे हो रहे थे और लोग तिजारत के आदाब भी भूल गए थे। यह सारा लेन-देन, यह सारा कारोबार पुराने ज़माने की दास्तान मालूम हो रहा था, जिसमें औरतों की आज़ादाना ख़रीदो-फ़रोख़्त का क़िस्सा बयान किया जाता है। अज़-बयक अनगिनत उरियाँ (नंगी) औरतों के सामने खड़ा उनके जिस्मों को टोह-टोह के देख रहा है और जब वह किसी औरत के जिस्म को उँगली लगाता है तो उस पर एक गुलाबी-सा गढ़ा पड़ जाता है और उसके इर्द-गिर्द एक ज़र्द-सा हलक़ा और फिर ज़र्दियाँ और सुर्ख़ियाँ एक-दूसरे की जगह लेने के लिए दौड़ती है ··· अज़-बयक

आगे गुज़र जाता है और नाक़ाबिले-कुबूल औरत एक ऐतराफ़े-[शिकस्त (पराजय), एक इंफ़िआलियत (शर्मिंदगी) के आलम में एक हाथ से इज़ारबंद थामे और दूसरे से अपने चेहरे को अवाम की नज़रों से छुपाए सिसकियाँ लेती है।

सुंदरलाल अमृतसर (सरहद) जाने की तैयारी कर ही रहा था कि उसे लाजो के आने की ख़बर मिली। एकदम से ऐसी ख़बर मिल जाने से सुंदरलाल घबरा गया। उसका एक क़दम फ़ौरन दरवाज़े की तरफ़ बढ़ा लेकिन वह पीछे लौट आया। उसका जी चाहता था कि वह रूठ जाए और कमेटी के तमाम प्ले कार्डों और झंडियों को बिछाकर बैठ जाए और फिर रोए। लेकिन वहाँ जज़्बात का यूँ मुज़ाहिरा मुमकिन न था। उसने मर्दाना-वार इस अंदरूनी कशमकश का मुक़ाबला किया और अपने क़दमों को नापते हुए चौकी कलाँ की तरफ़ चल दिया, क्योंकि वही जगह थी, जहाँ मग़विया (अपहृत) औरतों की डिलीवरी दी जाती थी।

अब लाजो सामने खड़ी थी और एक ख़ौफ़ के जज़्बे से काँप रही थी। वही सुंदरलाल को जानती थी, उसके सिवाय कोई न जानता था। वह पहले ही उसके साथ ऐसा सुलूक करता था और अब जबकि वह एक ग़ैर मर्द के साथ ज़िंदगी के दिन बिताकर आई थी, न जाने क्या करेगा? सुंदरलाल ने लाजो की तरफ़ देखा। वह ख़ालिस इस्लामी तर्ज़ का लाल दुपट्टा ओढ़े थी और बाएँ बुक्कल मारे हुए थी... आदतन, महज़ आदतन... दूसरी औरतों में घुलमिल जाने और बिल-आख़िर अपने सैयाद के दाम (फंदे) से भाग जाने की आसानी थी। और वह सुंदरलाल के बारे में इतना ज़्यादा सोच रही थी कि उसे कपड़े बदलने या दुपट्टा ठीक से ओढ़ने का भी ख़याल न रहा। वह हिंदू और मुसलमान तहज़ीब के बुनियादी फ़र्क़... दाएँ बुक्कल और बाएँ बुक्कल में इम्तियाज़ करने से क़ासिर रही थी। अब वह सुंदरलाल के सामने खड़ी थी और काँप रही थी, एक उम्मीद और एक डर के जज़्बे के साथ...

सुंदरलाल को धक्का-सा लगा। उसने देखा, लाजवंती का रंग कुछ निखर गया था और वह पहले की बनिस्बत कुछ तंदुरुस्त-सी नज़र आती थी। नहीं, वह मोटी हो गई थी... सुंदरलाल ने जो कुछ लाजो के बारे में सोच रखा था, वह सब ग़लत था। वह समझता था, ग़म में घुल जाने के बाद लाजवंती बिल्कुल

मरियल हो चुकी होगी और आवाज़ उसके मुँह से निकाले न निकलती होगी। इस ख़याल से कि वह पाकिस्तान में बड़ी ख़ुश रही है, उसे बड़ा सदमा हुआ। लेकिन वह चुप रहा, क्योंकि उसने चुप रहने की क़सम खा रखी थी। अगरचे वह न जान पाया कि इतनी ख़ुश थी तो फिर चली क्यों आई? उसने सोचा: 'शायद हिंद सरकार के दबाव की वजह से अपनी मर्ज़ी के ख़िलाफ़ यहाँ आना पड़ा…' लेकिन एक चीज़ वह न समझ सका कि लाजवंती का सँवलाया हुआ चेहरा ज़र्दी लिए हुए था और ग़म, महज़ ग़म से उसके बदन के गोश्त ने हड्डियों को छोड़ दिया था। वह ग़म की कसरत से मोटी हो गई थी और सेहतमंद नज़र आती थी। लेकिन यह ऐसी सेहतमंदी थी जिसमें दो क़दम चलने पर आदमी का साँस फूल जाता है…

मुग़विया के चेहरे पर पहली निगाह डालने का तास्सुर कुछ अजीब-सा हुआ। लेकिन उसने सब ख़यालात का एक इसबाती (सिद्ध) मर्दानगी से मुक़ाबला किया। और भी बहुत-से लोग मौजूद थे… किसी ने कहा… "हम नहीं लेते मुसलमरान (मुसलमान) की जूठी औरत…" और यह आवाज़ रसालू, नेकीराम और चौकी कलाँ के बूढ़े मुहर्रिर के नारों में गुम होकर रह गई। इन सब आवाज़ों से अलग कालका प्रशाद की फटती और चिल्लाती आवाज़ आ रही थी… वह खाँस भी लेता और बोलता भी जाता। वह इस नई हक़ीक़त, इस नई शुद्धि का शिद्दत से क़ायल हो चुका था। यूँ मालूम होता था आज इसने कोई नया वेद, कोई नया पुराण और शास्त्र पढ़ लिया है और अपने इस हुसूल (प्राप्ति) में दूसरों को भी हिस्सेदार बनाना चाहता है… इन सब लोगों और इनकी आवाज़ों में घिरे हुए लाजो और सुंदरलाल अपने डेरे को जा रहे थे और ऐसा जान पड़ता था, जैसे हज़ारों साल पहले के रामचंद्र और सीता किसी बहुत लंबे अख़लाक़ी बनवास के बाद अयोध्या लौट रहे हैं। एक तरफ़ तो लोग ख़ुशी के इज़हार में दीपमाला कर रहे हैं और दूसरी तरफ़ उन्हें इतनी लंबी अज़ीयत (यातना) दिए जाने पर तास्सुफ़ (अफ़सोस) भी।

लाजवंती के चले आने पर भी सुंदरलाल बाबू ने इसी शिद्दत से 'दिल में बसाओ' प्रोग्राम को जारी रखा। उसने क़ौल और फ़अल दोनों एतबार से उसे निभा दिया था और वह लोग, जिन्हें सुंदरलाल की बातों में ख़ाली-ख़ूली जज़्बातियत नज़र आती थी, क़ायल होना शुरू हुए। अक्सर लोगों के दिल में ख़ुशी थी और बेशतर के दिल में अफ़सोस। मकान 414 की बेवा के अलावा मुहल्ला मुल्ला शकूर की बहुत-सी औरतें सुंदरलाल बाबू सोशल वर्कर के घर

आने से घबराती थीं।

लेकिन सुंदरलाल को किसी की एतना (मान) या बेएतनाई (अपमान) की परवा न थी। उसके दिल की रानी आ चुकी थी और उसके दिल का ख़ला पट चुका था। सुंदरलाल ने लाजो की स्वर्ण-मूर्ति को अपने दिल के मंदिर में स्थापित कर लिया था और ख़ुद दरवाज़े पर बैठा उसकी हिफ़ाज़त करने लगा था। लाज़ो जो पहले ख़ौफ़ से सहमी रहती थी, सुंदरलाल के ग़ैरमुतवक़्क़े (अनपेक्षित) नर्म सुलूक को देखकर आहिस्ता-आहिस्ता खुलने लगी।

सुंदरलाल, लाजवंती को अब लाजो के नाम से नहीं पुकारता था, वह उसे कहता था: "देवी!" और लाजो एक अनजान ख़ुशी से पागल हुई जाती थी। वह कितना चाहती थी कि सुंदरलाल को अपनी वारदात कह सुनाए और सुनाते-सुनाते इस क़दर रोए कि उसके सब गुनाह धुल जाएँ। लेकिन सुंदरलाल लाजो की वह बातें सुनने से गुरेज़ करता था और लाजो अपने खुल जाने में भी एक तरह से सिमटी रहती। अलबत्ता जब सुंदरलाल सो जाता तो उसे देखा करती और अपनी इस चोरी में पकड़ी जाती। जब सुंदरलाल उसकी वजह पूछता तो वह 'नहीं' 'यूँ नहीं' 'ऊँहूँ' के सिवा और कुछ न कहती और सारे दिन का थका-हारा सुंदरलाल फिर ऊँघ जाता... अलबत्ता शुरू-शुरू में एक दफ़ा सुंदरलाल ने लाजवंती के सियाह दिनों के बारे में सिर्फ़ इतना-सा पूछा था:

"कौन था वह?"

लाजवंती ने निगाहें नीचे करते हुए कहा: "जमाल"... फिर वह अपनी निगाहें सुंदरलाल के चेहरे पर जमाए कुछ कहना चाहती थी। लेकिन सुंदरलाल एक अजीब-सी नज़रों से लाजवंती के चेहरे की तरफ़ देख रहा था और उसके बालों को सहला रहा था। लाजवंती ने फिर आँखें नीची कर लीं और सुंदरलाल ने पूछा:

"अच्छा सुलूक करता था वह?"

"हाँ!"

"मारता तो नहीं था?"

लाजवंती ने अपना सिर सुंदरलाल की छाती पर सरकाते हुए कहा: "नहीं!" और फिर बोली: "वह मारता नहीं था, पर मुझे उससे ज़्यादा डर आता था। तुम मुझे मारते भी थे पर मैं तुमसे डरती नहीं थी... अब तो न मारोगे?"

सुंदरलाल की आँखों में आँसू उमड़ आए और उसने बड़ी नदामत और बड़े तास्सुफ़ से कहा, "नहीं देवी! अब नहीं... नहीं मारूँगा..."

''देवी !'' लाजवंती ने सोचा और वह भी आँसू बहाने लगी।

और उसके बाद लाजवंती सबकुछ कह देना चाहती थी, लेकिन सुंदरलाल ने कहा :

''जाने दो बीती बातें ! इसमें तुम्हारा क्या क़ुसूर है ? इसमें क़ुसूर है हमारे समाज का, जो तुझ-ऐसी देवियों को अपने यहाँ इज़्ज़त की जगह नहीं देता। वह तुम्हारी हानि नहीं करता, अपनी करता है।''

और लाजवंती की मन की मन ही में रही। वह कह न सकी सारी बात और चुपकी-दुबकी पड़ी रही और अपने बदन की तरफ़ देखती रही, जो कि बँटवारे के बाद अब 'देवी' का बदन हो चुका था, लाजवंतो का न था। वह ख़ुश थी, बहुत ख़ुश। लेकिन एक ऐसी ख़ुशी में सरशार, जिसमें एक शक था और वसवसे। वह लेटी-लेटी अचानक बैठ जाती, जैसे इंतहाई ख़ुशी के लम्हों में कोई आहट पाकर एकाएकी उसकी तरफ़ मुतवज्जे हो जाए···

जब बहुत-से दिन बीत गए तो ख़ुशी की जगह पूरे शक ने ले ली। इसलिए नहीं कि सुंदरलाल बाबू ने फिर वही पुरानी बदसुलूकी शुरू कर दी थी, बल्कि इसलिए कि वह लाजो से बहुत ही अच्छा सुलूक करने लगा था। ऐसा सुलूक जिसकी लाजो मुतवक़्क़े न थी··· वह सुंदरलाल की वही पुरानी लाजो होना चाहती थी जो गाजर से लड़ पड़ती और मूली से मान जाती। लेकिन अब लड़ाई का सवाल ही न था। सुंदरलाल ने उसे यह महसूस करा दिया जैसे वह लाजवंती काँच की कोई चीज़ है, जो छूते ही टूट जाएगी···और लाजो आईने में अपने सरापा की तरफ़ देखती और आख़िर इस नतीजे पर पहुँचती कि वह और तो सबकुछ हो सकती है, पर लाजो नहीं हो सकती। वह बस गई, पर उजड़ गई··· सुंदरलाल के पास उसके आँसू देखने के लिए आँखें थीं और न आहें सुनने के लिए कान···प्रभातफेरियाँ निकलती रहीं और मुहल्ला मुल्ला शकूर का सुधारक रसालू और नेकीराम के साथ मिलकर उसी आवाज़ में गाता रहा :

''हाथ लाइयाँ कुम्हलाँनी लाजवंती दे बूटे···!''

कल्याणी

अब उसे इन काली-भूरी राहों में चलने से कोई डर न आता था, जहाँ बेशुमार गढ़े थे, जिनमें काला पानी; बंबई के इस सनअती (औद्योगिक) शहर की मैल हमेशा जमा रहती थी और कभी तह पे तह न बैठती। बेशक्ल-से पत्थर, इधर से उधर जैसे शौक़िया पड़े थे, बेकार आख़िरी रोड़ा होने के लिए... और वह शुरू के दिन जब टाँगें काँपती थीं और तिनके भी रोकने में कामयाब हो जाते थे। ऐसा मालूम होता था कि गली के मोड़ पे देसी साबुन के बड़े-बड़े चाक बनानेवाला और उसके पड़ोस में का हज्जाम देख रहे हैं, और बराबर हँस रहे हैं। कम से कम रो भी नहीं रहे हैं। फिर 'बाज़ू' का कोयलेवाला, जो आपी तो शायद उस चकले में कभी न गया था, उस पर भी उसका मुँह काला था...

बग़ल में पहले माले पे क्लब थी, जहाँ चोरी की रम चलती थी और यारी की रमी। उसकी खिड़कियाँ किसी योगी की आँखों की तरह से बाहर की बजाय अंदर मन के चकले में खुलती थीं और उनसे सिगरेटों के धुएँ की सूरत में आहें निकलती थीं। लोग यूँ तो जुए में सैकड़ों के हाथ देते थे, मगर सिगरेट हमेशा घटिया पीते थे... बल्कि बीड़ी, सिर्फ़ बीड़ी, जिसका जुए के साथ वही ताल्लुक़ होता है जो पैंसिलीन का आतशक से... यह खिड़कियाँ अंदर की तरफ़ क्यों खुलती थीं? न मालूम क्यों? मगर कोई ख़ास फ़र्क न पड़ता था, क्योंकि अंदर के सेहन में आनेवाले मर्द की सिर्फ छाया ही नज़र आती, जिससे मामला पटाई हुई लड़की उसे अंदर ले जाती, बिठाती और एक बार ज़रूर बाहर आती—नल पर से पानी की बाल्टी लेने, जो सेहन के ऐन बीचोंबीच लगा हुआ था और दोनों तरफ़ की खोलियों की तरह-तरह की ज़रूरतों के लिए काफ़ी था। पानी की बाल्टी उठाने से पहले लड़की हमेशा अपनी धोती या साड़ी को कमर में कसती और गाहक लग जाने की अकड़ में कोई न कोई बात अपनी हमपेशा बहन से ज़रूर कहती : "ऐ गिरजा! ज़रा चावल देख लेना, मेरे को गाहक लगा है...।" फिर

वह अंदर जाकर दरवाज़ा बंद कर लेती। तभी गिरजा सुंदरी से कहती : ''कल्याणी में क्या है री, आज उसे दूसरा कस्टमर लगा है ?'' लेकिन सुंदरी के बजाय जाड़ी या खुरसीद जवाब देती : ''अपनी-अपनी क़िस्मत है ना ?'' तभी कल्याणीवाले कमरे से ज़ंजीर लगने की आवाज़ आती और बस... सुंदरी एक नज़र बंद दरवाज़े की तरफ़ देखती और अपने सने हुए बालों को छाँटती, तौलिए से पोंछती हुई गुनगुनाने लगती : ''रात जागी रे बलम, रात जागी...'' और फिर एकाएक गिरजा से मुख़ातिब हो उठती : ''ऐ गिरजा ! कल्याणी के चावल उबल रहे हैं ! देखती नहीं कैसी गुड़गुड़ की आवाज़ आ रही है उसके बर्तन से !'' और फिर तीनों-चारों लड़कियाँ मिलकर हँसतीं और एक-दूसरे के कूल्हे में चप्पे देने लगतीं। तभी गिरजा बिलबिला उठती और कहती : ''अइया जोर से क्यों मारा, रंडी ! जानती है, अभी तक दुख रहा है मेरा फूल। कान को हाथ लगय्या, बाबा ! मैं तो क्या मेरी आल-औलाद भी कभी किसी पंजाबी के साथ न बैठेगी...।'' फिर गिरजा बग़ल की खोली में किसी छोकरी को आवाज़ देती :

''गंगी तेरा पोपट क्या बोलता...?''

गंगी की शक्ल तो न दिखाई देती, सिर्फ़ आवाज़ आती : ''मेरा पोपट बोलता, भज मन राम, भज मन राम...।''

मतलब गंगी को या तो सरमैल है और या फिर कोई कस्टमर नहीं लगा।

महिपत लाल अबके महीनों के बाद इधर आया है। बीच में मुँह का ज़ायक़ा बदलने के लिए वह यहाँ से कुछ फ़र्लांग दूर एक नेपाली लड़की चूनी-ला के पास चला गया था और उसके बाद छियानवे नंबर की एक क्रिश्चियन छोकरी से फँस गया, जिसका असली नाम तो कुछ और था लेकिन वहाँ की दूसरी लड़कियाँ और दल्लाल उसे 'ओलगा' के नाम से पुकारते थे। इधर कल्याणी को कुछ पता भी न था, क्योंकि इस धंधे में तो दो-चार मकानों का फ़ासला भी सैकड़ों मील का होता है। लड़कियाँ ज़्यादा से ज़्यादा पिक्चर देखने को निकलती थीं और फिर वापस...

जिस मुँह का ज़ायक़ा बदलने के लिए महिपत दूसरी लड़कियों के पास चला गया था, उसी के लिए उस अड्डे पर लौट आया। लेकिन यह बात तय थी कि इतने महीनों के बाद वह कल्याणी को भूल चुका था। हालाँकि 'मुल्क' जाने के लिए उसने कल्याणी को दो सौ रुपए भी दिए थे, तब शायद नशे का आलम था,

जैसा कि अब था। बीयर का पूरा पैग पी जाने के कारण महिपत लाल के दिमाग़ में किसी और ही औरत की तस्वीर थी। और वह भी नामुकम्मल। क्योंकि उसे मुकम्मल तो महिपत ही को करना था—एक मुसव्विर की तरह से, जो कि मर्द होता है और तस्वीर, जो कि औरत होती है…

अंदर आते ही महिपत ने सेहन के पहले पैरापट को फलाँगा। तीन-चार सीढ़ियाँ नीचे उतरा—लोग समझते हैं पाताल, नरक कहीं दूर, धरती के अंदर है; लेकिन नहीं जानते कि वह सिर्फ़ दो-तीन सीढ़ियाँ नीचे है। वहाँ कोई आग जल रही है और न उबलते, खौलते हुए कुंड हैं। हो सकता है सीढ़ियाँ उतरने के बाद फिर उसे किसी ऊपर के थड़े पे जाना पड़े, जहाँ सामने दोज़ख़ है, जिसमें ऐसी-ऐसी अज़ीयतें (यातनाएँ) दी जाती हैं कि इन्सान उसका तसव्वुर भी नहीं कर सकता।

सीढ़ियाँ उतरने के बाद, सेहन में पाँव रखने के बजाय महिपत लाल खोलियों के सामनेवाले थड़े पे चला गया, क्योंकि पक्का होने के बावजूद सेहन में एक गढ़ा था, जिसमें हमेशा-हमेशा पानी जमा रहता था। बरस-डेढ़ बरस पहले भी यह गढ़ा ऐसा था और अब भी ऐसा ही। लेकिन गढ़े के बारे में इतना ही काफ़ी है कि उसका पता हो। ऊपर सेहन के खुले होने की वजह से दशमी का चाँद गढ़े के पानी में झिलमिला रहा था, जैसे उसे मैल, सरमैल के होने से कोई फ़र्क़ नहीं पड़ता। अलबत्ता नल से पानी का छींटा उस पर पड़ता तो चाँद की छबि काँपने लगती, पूरी की पूरी…

कुछ गाहक लोग गिरजा, सुंदरी और जाड़ी को यूँ ठोंक-बजाकर देख रहे थे, जैसे वह कच्चे-पक्के घड़े हों। उनमें से कुछ अपनी जेबें टटोल रहे थे। मिस्त्री जाड़ी के साथ जाना चाहता था क्योंकि वह गिरजा, सुंदरी, खुरसीद से ज़्यादा बदसूरत थी मगर थी आठ ईंट की दीवार। हैरानी तो यह थी कि लड़कियों में से किसी को हैरानी न हो रही थी। वह मर्द और उसके पागलपन को अच्छी तरह से जानती थीं। महिपत ने सुंदरी को देखा, जो वैसे तो काली थी, मगर आम कोंकणी औरतों की तरह तीखे नक्श-नैनोंवाली। फिर कमर से नीचे उसका जिस्म, 'बाप रे' हो जाता था। तभी महिपत के कुर्ते को खींच पड़ी। उसने मुड़कर देखा तो सामने कल्याणी खड़ी थी और हँसते हुए अपने दाँतों के मोती रोल रही थी। मगर वह दुबली हो गई थी। क्यों ? न मालूम क्यों ? चेहरा यूँ लग रहा था जैसे दो आँखों के लिए जगह छोड़कर किसी ने ढोलक पर चमड़ा मढ़ दिया। चूँकि औरत और तक़दीर एक ही बात है, इसलिए महिपत कल्याणी के

साथ तीसरी खोली में चला गया।

क्लबघर की खिड़की में से किसी ने झाँका और ऊबकर बिसात उलट दी। कल्याणी ने बाहर आकर नल पर बाल्टी भरी , धोती को कमर में कसा और आवाज़ दी : "ओ गिरजा, थोड़ा हमारा गठरी सँभालना···" और फिर वह पानी लेकर खोली में चली गई···

पास की खोली से मैडम की आवाज़ आई : "एक टैम का, दो टैम का?"

अंदर कल्याणी ने महिपत को आँख मारी और मैडमवाली खोली की तरफ़ देखते हुए बोली : "एक टैम"—और फिर उसने पैसों के लिए महिपत के सामने हाथ फैला दिया, जिसे पकड़कर महिपत उसे अपनी तरफ़ खींचने लगा—फिर उठकर उसने पान से पटी, लाल-लाल मोहर-सी कल्याणी के होंठों पे लगा दी, जिसे धोती के पल्लू से पोंछती हुई वह हँसी : "इतने बेसब्र?"

और फिर हाथ फैलाकर कहने लगी : "तुम हमको तीस रुपए देगा, पर हम मैडम को एक ही टैम का बोलेगा···तुम भी उसको नहीं बोलने का आँ?"

महिपत ने ऐसे ही सिर हिला दिया : "आँ।"

बदस्तूर हाथ फैलाए हुए कल्याणी बोली : "जल्दी निकाल।"

"पैसे?" महिपत बोला।

कल्याणी ने अबके रस्म नहीं अदा की, वह सचमुच हँस दी—नहीं, वह शरमा गई। हाँ, वह धंधा करती थी और शरमाती भी थी। कौन कहता है, वहाँ औरत औरत नहीं रहती? वहाँ भी हया उसका ज़ेवर होता है और हरबा—जिससे वह मरती है और मारती भी। महिपत ने तीस रुपए निकालकर कल्याणी की हथेली पर रख दिए। कल्याणी ने ठीक से गिना भी नहीं। उसने तो बस पैसों को चूमा, सिर और आँखों से लगाया, भगवान की तस्वीर के सामने हाथ जोड़े और मैडम को एक टाइम के पैसे देने और अपने हिस्से के पाँच लेकर रखने, अंदर के दरवाज़े की तरफ़ से और भी अंदर चली गई। महिपत को जल्दी थी। वह बेसब्री से दुर्गा मैया की तस्वीर को देख रहा था, जो शेर पे बैठी थी और जिसके पाँव में राक्षस मरा पड़ा था। दुर्गा की दर्जनों भुजाएँ थीं जिनमें से किसी में तलवार थी औः किसी में बरछी और किसी में ढाल। एक हाथ में कटा हुआ सिर था, बालों से थामा हुआ। और महिपत को मालूम हो रहा था, जैसे उसका अपना सिर है। लेकिन दुर्गा की छातियाँ, उसके कूल्हे और रानें बनाने में मुसव्विर ने बड़े जब्र से काम लिया था···। दीवारें टूटी हुई थीं। वह कोई बात न थी, लेकिन उनपे लपकती हुई सील और उसमें गडमड काई ने अजीब

भयानक-सी शक्लें बना दी थीं, जिससे तबीयत बैठ-बैठ जाती थी। मालूम होता था कि वह दीवारें नहीं, तिब्बती स्कूल हैं, जिन पर नरक और स्वर्ग के नक़्शे बने हैं। गुनहगारों को अज़दहे डस रहे हैं और शोलों की लपलपाती हुई ज़बानें उन्हें चाट रही हैं। पूरा संसार काल के बड़े-बड़े दाँतों और उसके खोह-ऐसे मुँह में पड़ा है।

—वह ज़रूर नरक में जाएगा…महिपत…जाने दो!

कल्याणी लौटी और लौटते ही उसने अपने कपड़े उतारने शुरू कर दिए।

यह खेल मर्द और औरत का—जिसमें औरत को अज़ीयत न भी हो तो भी उसका सुबूत देना पड़ता है और अगर हो तो मर्द उसे नहीं मानता।

महिपत पहले तो ऐसे ही कल्याणी को नोचता-काटता रहा। फिर वह कूदकर पलँग से नीचे उतर गया। वह कल्याणी को नहीं, कायनात की औरत को देखना चाहता था, क्योंकि कल्याणियाँ तो आती हैं और चली जाती हैं। महिपत भी आते हैं और चले जाते हैं। लेकिन औरत वहीं रहती है और मर्द भी। क्यों? यह सबकुछ समझ में नहीं आता। हालाँकि उसमें समझ की कोई बात ही नहीं।

एक बात है। सतजुग, द्वापर और त्रेता जुगों में तो पूरा न्याय था। फिर भी औरतें मुहब्बत में क्यों चोरी कर जाती थीं? जब गणिका, वेश्या क्यों थीं? आज तो अन्याय है—पग-पग पे अन्याय। फिर उन्हें क्यों रोका जाता है? क्यों उन पर क़ानून लगाए जाते हैं? जो रुपया टकसाल से आता है उसकी क़ीमत आठ आने रह जाती है। इफ़लास (निर्धनता) और वाफ़िर (फालतू) पैसे के मेलजोल की जितनी ज़रूरत आज है, तवारीख़ में कभी हुई है?… दबा लें उसे ताकि घर की लक्ष्मी बाहर न जाए। मगर दौलत, पैसा तो बिच गौडेस (Bitch Goddess) है, वह कुतिया बू पे आएगी तो जाएगी ही…

महिपत को उलझावे की ज़रूरत थी, इसीलिए उसे क़ायनात की औरत के पेचो-ख़म खा गए। उसने एक बीयर मँगाने के लिए कहा, लेकिन उससे पहले कि कल्याणी का काला वजूद उठकर लड़के को आवाज़ दे, वह ख़ुद ही बोल उठा: "रहने दो।" और उस नज़्ज़ारे को देखने लगा जो नशे से भी ज़्यादा था। फिर जाने क्या हुआ, महीपत ने झपटकर इतने ज़ोर से कल्याणी की टाँगें अलग कीं कि वह बिलबिला उठी। अपनी बरबरियत से घबराकर महिपत ने ख़ुद ही अपनी गिरफ़्त ढीली कर दी। अब कल्याणी पलँग पर पड़ी थी और महिपत घुटनों के बल नीचे फ़र्श पे बैठा हुआ था और अपने मुँह में ज़बान की नोक बना रहा था…कल्याणी लेटी हुई ऊपर छत को देख रही थी, जहाँ पंखा जाले में

लिपटा हुआ, एक आहिस्ता रफ़्तार से चल रहा था। फिर एकाएकी कल्याणी को कुछ होने लगा। उसके पूरे बदन में महिपत और उसकी ज़बान के कारण एक झुरझुरी-सी दौड़ गई, और वह उस च्यूँटे की तरह से तिलमिलाने लगी, जिसके सामने बेरहम बच्चे जलती हुई माचिस रख देते हैं···

जभी अपने आपसे घबराकर महिपत ऊपर चला आया। उसके बदन में बेहद तनाव था और बिजलियाँ थीं, ज़िन्हें वह कैसे भी झटक देना चाहता था। उसके हाथों की पकड़ इस क़दर मज़बूत थी कि जाबिर से जाबिर आदमी उससे न निकल सकता था। उसने हाँफती हुई कल्याणी की तरफ़ देखा। उसे यक़ीन ही न आ रहा था कि एक पेशेवर औरत की छातियों का वज़न भी एकाएकी बढ़ सकता है और उनपे के हलक़े और दाने फैलकर अपने मर्कज़, उभरे हुए मर्कज़ को भी मादूम कर सकते हैं। उनके इर्द-गिर्द और कूल्हों और रानों पर सीतला के दाग़-से उभर सकते हैं। अपनी वहशत में वह उस वक़्त कायनात की औरत को भी भूल गया और मर्द को भी। उसे इस बात का एहसास भी न रहा कि वह ख़ुद कहाँ है और कल्याणी कहाँ? वह कहाँ ख़त्म होता है और कल्याणी कहाँ से शुरू होती है? वह उस क़ातिल की तरह से था जो छत पर से किसी को ढकेल देता है। उसे यक़ीन होता है ना, कि इतनी बुलंदी से गिरकर वह बयान देने के लिए भी ज़िंदा न रहेगा और वह उसपे ख़ुदकुशी का इल्ज़ाम लगाकर ख़ुद बच निकलेगा। एक जुस्त के साथ उसने अपना पूरा बदन कल्याणी पे फेंकना शुरू कर दिया।

एक दिलदोज़-सी चीख़ निकली और बिलबिलाहट सुनाई दी। सील और काई से पटी दीवारों पे पंखे के पर अपनी बड़ी-बड़ी परछाइयाँ डाल रहे थे। जाने किसने पंखे को तेज़ कर दिया था? महिपत पसीने से शराबोर था और शर्मिंदा भी, क्योंकि कल्याणी रो रही थी, कराह रही थी। या वह एक आम कसबी की तरह से गाहक को लात मारना न जानती थी और या फिर वह इतने अच्छे गाहक को खो देने के लिए तैयार न थी।

सिरहाने में मुँह छिपाए, कल्याणी उल्टी लेटी हुई थी और उसके शाने फड़कते हुए दिखाई दे रहे थे। तभी महिपत एक लम्हे के लिए ठिठक गया। फिर आगे बढ़कर उसने कल्याणी के चेहरे को हाथों में लेने की कोशिश की, मगर कल्याणी ने उसे झटक दिया। वह सचमुच रो रही थी। उसके चेहरे को थामने में महिपत के अपने हाथ भी गीले हो गए थे। आँसू तो अपने आप नहीं निकल आते। जब जब्र और बेबसी ख़ून की होली खेलते हैं तभी आँखें

छान-फटककर उस लहू को साफ़ करती हुई चेहरे पे ले आती हैं। अगर उसे अपने ही रंग में ले आए तो दुनिया में मर्द दिखाई दे, न औरत।

कल्याणी ने अपना चेहरा छुड़ा लिया।

महिपत पहले सिर्फ़ शर्मिंदा था, फिर सचमुच शर्मिंदा था। उसने कल्याणी से माफ़ी माँगी और माँगता ही चला गया। कल्याणी ने पलँग की चादर से आँखें पोंछीं और बेबसी से महिपत की तरफ़ देखा। फिर वह उठकर दोनों बाज़ू फैलाते हुए उससे लिपट गई। उसकी चौड़ी-चकली छाती पर अपने घुँघराले बालोंवाला कोंकणी सिर रख दिया। फिर उसकी घिग्घी बँध गई, जिससे निकलने में महिपत को और भी तलज़्ज़ुज़ (मज़ा) का एहसास हुआ—और कल्याणी को भी। उसने अपने घातक ही की पनाह ढूँढ़ ली। मर्द तो मर्द होगा ही, बाप भी तो है, भाई भी तो है··· औरत औरत ही सही, मगर वह बेटी भी तो है, बहन भी तो है···

और माँ···

महिपत की आँखों में सचमुच के पछतावे को देखते ही तस्वीर उलट गई। अब उसका सिर कल्याणी की छाती पर था और वह उसे प्यार कर रही थी। महिपत चाहता था कि वह इस अमल को अंजाम पे पहुँचाए बग़ैर ही वहाँ से चला जाए लेकिन कल्याणी इस तौहीन को बर्दाश्त न कर सकती थी।

कल्याणी ने फिर अपने आपको अज़ीयत (यंत्रणा) होने दी। बीच में एक-दो बार वह दर्द से कराही भी और फिर बोली : ''हाय मेरा फूल··· भगवान के लिए··· मेरे को सुई लगवाना पड़ता··· ।'' फिर आहिस्ता-आहिस्ता, आहिस्ता-आहिस्ता उसने दुख और सुख सहते हुए कायनात के मर्द को ख़त्म कर दिया और उसे बच्चा बनाकर गोद में ले लिया। महिपत के हर उल्टे साँस के साथ कल्याणी बड़ी नर्मी, बड़ी मुलामियत और बड़ी ममता के साथ उसका मुँह चूम लेती थी, जिससे सिगरेट और शराब का तअफ़्फ़ुन (दुर्गंध) लपक रहा था।

धोने-धुलाने के बाद महिपत ने अपना हाथ कपड़ों की तरफ़ बढ़ाया, मगर कल्याणी ने थाम लिया और बोली : ''मेरे को बीस रुपए ज्यासती दो।''

''बीस रुपए ?''

''हाँ।'' कल्याणी ने कहा : ''हम तुम्हारा गुन गाएगा। हम भूला नहीं ओ दिन जब हम 'मुलक' गया था, तो तुम हमको दो सौ रुपए रोकड़ दिया—हम कारदार का बड़ा मंदिर में एक टाँग से खड़ा होके तुम्हारे वास्ते प्रार्थना किया और बोला—मेरा मही का रक्षा करना भगवान—उसको लंबा जिंदगी देना, पैसा

देना…।"

और कल्याणी उम्मीद भरी नज़रों से पहली और अबकी प्रार्थना का असर देखने लगी।

महिपत के नथुने नफ़रत से फूलने लगे–पेशेवर औरत! पिछली बार दो सौ रुपए लेने से पहले भी ऐसे ही टसुए बहाए थे इसने–यूँ रोई-चिल्लाई थी, जैसे मैं कोई इन्सान नहीं जानवर हूँ, हब्शी हूँ…मगर…और बीस रुपए? फिर रोने की क्या ज़रूरत थी, आँसू बहाने की? वैसे ही माँग लेती तो क्या मैं इनकार कर देता?…जानती भी है, मैं पैसे से इनकार नहीं करता। दरअसल इनकार मुझे आता ही नहीं। इसीलिए तो भगवान का सौ शुक्र करता हूँ कि मैं औरत पैदा नहीं हुआ, वरना–मैं तो यहाँ मुँहमाँगे देने का क़ायल हूँ, जिससे फिर गुनाह का एहसास नहीं होता–ऐसे ही आदमी का तो इंतज़ार किया करती हैं ये–और जब वह आता है तो उससे झूठ बोलने, उसके कपड़े उतारने से भी नहीं चूकतीं…कहती हैं, मैंने सोचा था तुम मंगल को जरूर आओगे…मंगल को क्या है भाई?…मंगल को मैंने भगवान से प्रार्थना की थी।…यह रोना…शायद सच्ची रोई हो…मैंने भी तो एक अंधे की तरह से कहीं भी चलने दिया अपने आपको। आव देखा न ताव–ताव कितना अच्छा था!…मगर मैंने जो अज़ीयत दी है उसे, उससे निजात पाने का एक ही तरीक़ा है–दे दो रुपए–मगर क्यों? पहले ही मैंने उसे दो टैम के पैसे दिए और एक ही टाइम बैठा।

महिपत के हैस-बैस को देखकर कल्याणी ने कहा : "क्या सोचने को लग गया? दे दो ना–मेरा बच्चा तुमको दुआ देगा।"

"तेरा बच्चा?"

"हाँ–तुमने नहीं देखा?"

"नहीं…कहाँ, किससे लिया?"

कल्याणी हँस दी। फिर वह लजा गई। उस पे भी बोली : "क्या मालम किसका? मेरे को सकल थोड़ा ध्यान में रहता? क्या खबर तुम्हारा हो…"

महिपत ने घबराकर कुरते की जेब में से बीस रुपए निकालकर कल्याणी के हाथ पर रख दिए जो अभी तक बरहना (नंगी) खड़ी थी और जिसकी कमर और कूल्हों पे पड़ा हुआ चाँदी का पटका चमक रहा था। एक हल्का-सा हाथ कल्याणी के पीछे थपथपाते हुए महिपत ने कुछ और सोच लिया। कल्याणी ने साड़ी पकड़कर लपेटी ही थी कि वह बोला : "अगर एक टाइम और बैठ जाऊँ तो? (पैसे दे दिए हैं)"

''बैठो…'' कल्याणी ने बिना किसी झिझक के कहा और अपनी साड़ी उतारकर पलँग पर फेंक दी। चुलूँ-चुलूँ करता हुआ उसका गोश्त सब मार भूल चुका था। अक़्ले-हैवानी से भी तजावुज़ कर चुका था… लेकिन महिपत ने सिर हिला दिया : ''अब दम नहीं रहा!''

''हूँ…'' कल्याणी ने कहा : ''बहुत जन आता मेरे इधर, पर तुम-सा कड़क हम नहीं देखा, सच्ची—तुम जाता तो बहुत दिन यह (नाफ़) ठिकाने पे नहीं आता।''

…चाँद गढ़े पर से सरक गया था। कोई बिल्कुल ही लेट जाए तो उसे देख पाए। तभी कल्याणी महिपत का हाथ पकड़कर उस कमरे में ले आई, जहाँ गिरजा, सुंदरी, जाड़ी वग़ैरह थीं। जाड़ी मिस्त्री और उसके बाद एक बोहरे को भी भुगता चुकी थी। एक सरदार से झगड़ा कर चुकी थी। जब महिपत आया तो उसने खुरसीद के कोहनी मारी और बोली : ''आया, कल्याणी का मर्द!…'' इसलिए कि पहले जब महिपत इधर आया था तो हमेशा कल्याणी ही के पास…

कल्याणी के साथ खोली में आते हुए, महिपत ने बाथरूम के पास पड़ी हुई गठरी को देखा, जिसके पास बैठी हुई गिरजा अपने पल्लू से उसे हवा कर रही थी। कल्याणी ने गठरी को उठा लिया और महिपत के पास लाते हुए बोली :

''देखो, देखो मेरा बच्चा…''

महिपत ने उस लिजलिजे चार-पाँच महीने के बच्चे की तरफ़ देखा, जिसे गोद में उठाए हुए कल्याणी कह रही थी : ''इसी हलकट को पैदा करने, दूध पिलाने से हम यह हो गया। खाने को कुछ मिलता नहीं ना… इस पे तुम आता तो…''

फिर एकाएकी महिपत के कान के पास मुँह लाते हुए कल्याणी बोली : ''सुंदरी को देखता? तुम बोलेगा तो हम अगले टाइम सुंदरी को ला देगा… नहीं, नहीं। परसों हम आपी अच्छा हो जाएगा। …यह सब जगह भर जाएगा ना…'' और कल्याणी ने अपनी छाती और अपने कूल्हों को छूते हुए कहा : ''यह सब, जिनसे तुम अपना हाथ भरता, अपना बाज़ू भरता—ठीक है, कुछ हाथ में भी तो आना माँगता—सुंदरी को लेना होएँगा, तो मेरे को बोलना। हम सब ठीक कर देंगा। पर तुमको आने का मेरे पास। गिरजा के पास नहीं आने का। ऊझना ऊँ-आँ बौत करता, बौत नखरा उसका…'' और फिर बच्चे को अपने बाज़ुओं में झुलाते हुए कल्याणी बोली : ''हम इसका नाम अचमी रखा।''

''अचमी! अचमी क्या?''

''यह तो हमको नहीं मालम''—कल्याणी ने जवाब दिया और फिर थोड़ा हँसी : ''कोई आया था कस्टमर, बोला—'मेरा तेरे को ठहर गया तो उसका नाम अचमी रखने का ।' यह तो हम नहीं बोलने सकता, उसी का ठहरा कि किसका, पर नाम याद रह गया मेरे को । ओ तो फिर आयाच नहीं और तुम भी कोछ नहीं बोला''··· और फिर और हँसते हुए बोली : ''अच्छा, अगले टैम देखेंगा···''

महिपत ने एक नज़र अचमी की तरफ़ देखा और फिर इर्द-गिर्द के माहौल की तरफ़ : 'यहाँ पलेगा यह बच्चा । बच्चा—मैं तो समझता था, इन लड़कियों के पास आता हूँ तो मैं कोई पाप नहीं करता । यह दस की आशा रखती हैं तो मैं बीस देता हूँ—यह बच्चा ?'

—'यहाँ तो दम घुटता है···जाते समय तो घुटता ही है ।'

महिपत ने जेब से पाँच का नोट निकाला और उसे बच्चे पे रख दिया : ''यह इस दुनिया में आया है, इसलिए यह इसकी दक्षिणा ।''

''नहीं-नहीं—यह हम नहीं लेगा ।''

''लेना पड़ेगा, तुम इंकार नहीं कर सकतीं ।''

फिर वाक़ई कल्याणी इनकार न कर सकी । बच्चे की ख़ातिर ? महिपत ने कल्याणी के कंधे पे हाथ रखते हुए कहा : ''मुझे माफ़ कर दो कल्याणी, मैंने सचमुच आज तुमसे जानवरों का सुलूक किया है ।'' लेकिन महिपत की बात से यह बिल्कुल पता न चलता था कि अब वह ऐसा न करेगा । ज़रूर करेगा वह । इसी बात का तो नशा था उसे, बीयर तो फ़ालतू-सी बात थी ।

कल्याणी ने जवाब दिया : ''कोई बात नहीं, पर तुम आज खलास कर दिया, मार दिया मेरे को ।'' और वह यह शिकायत कुछ इस ढब से कर रही थी, जैसे मरना ही तो चाहती थी वह । क्या इसलिए कि पैसे मिलते हैं, पेट पलता है ?···नहीं···हाँ, जब भूख से पेट दुखता है, तो मालूम होता है, दुनिया में सारे मर्द ख़त्म हो गए—औरतें मर गईं···

महिपत ने पूछा : ''यह अचमी लड़का है या लड़की ?''

एक अजीब-सी किरन ने कल्याणी के पिटे, मार खाए हुए चेहरे को मुनव्वर (कांतिमय) कर दिया और वह चेहरे की पंखुरियाँ खोलते हुए बोली : ''छोकरा !''

फिर कल्याणी ने जल्दी अचमी का लँगोट खोला और दोनों हाथों से उठाकर अचमी के लड़केपन को महिपत के सामने करती, इतराती हुई बोली : ''देखो, देखो···''

महिपत के मुँह मोड़ते ही कल्याणी ने पूछा : "अब कभी आएँगा?"

"जल्दी..." महिपत ने घबराकर जवाब दिया और फिर वह बाहर कही रोशनियों में मुँह छुपाने के लिए निकल गया।

मिथुन

बाज़ार ही लंबा हो गया था और या फिर कारोबार छोटा। मालूम होता था पच्छिम की तरफ़ जहाँ सड़क थोड़ा उठती, आसमान से लिपटती और आख़िर एकदम नीचे गिर जाती है। वहीं दुनिया का किनारा है जहाँ से एक ज़ुस्त कर लेंगे, इस जीने के हाथों मर लेंगे।

दिन-भर सिर धुनने के बाद मगन टकले, कबाड़िए को दो ही चीज़ें हाथ लगी थीं। एक फ़्लोरनटीन और दूसरी जैमिनी राय। फ़्लोरनटीन तो शायद कोई सिरफिरा फ़िल्म प्रोड्यूसर किराए पर ले भी जाता, मगर जैमिनी राय? कोई बात नहीं। आज वह उसे छुपाकर रखेगा तो कल उसके पोते-पड़पोते उससे करोड़ों कमाएँगे, जैसे आज भी पच्छिम में किसी के यहाँ से लियोनार्डो के स्केच निकल आएँ तो आर्ट के बाज़ार में उनकी बोली लाखों तक जाती है। इन लाखों-करोड़ों के ख़याल ही से मगनलाल की आँखों में बिजलियाँ कौंधने लगीं और वह यह भी भूल ही गया कि वह चालीस-बयालीस साल का और टकला—गंजा होने के बावजूद कुँवारा है, इसलिए पोतों और पड़पोतों की बात ही नहीं। मगन करता भी क्या? वह एक आम हिंदू था। इतने बड़े फ़लसफ़े का मालिक होने के बावजूद जिसके अंदर का बनियापन नहीं जाता। वह बातों में 'माया इति' आदि कहकर उसे परे धकेल देता है, लेकिन भीतर से उसे जी-जान से लगाता है। दुनिया-भर में पैसे की अगर कोई पूजा करता है तो हिंदू। आज भी उसके यहाँ दीवाली के रोज़ परात के नीचे, ज्योति के साथ, दूध-पानी में नहाया, सिंदूर में लगाया हुआ रुपया मिलेगा। दशहरे के दिन उसकी गाड़ी पे सदबर्ग के हार होंगे और सब नर-नारी मिलकर लक्ष्मी के मंदिर को जाएँगे—पूजा के लिए। पैसे के लिए तो वह यूसुफ़ साबर और पद्मिनी-ऐसी पत्नी को भी बेचने के लिए तैयार हो जाए।

और सामने था सिराज—ईव्ज़ बैटरी का एजेंट। उसकी दूकान थोड़ा पीपल के घेर के पीछे छिपी हुई थी, लिजलिजे हिंदू जिस पे सुबह के वक़्त आकर पानी में मिले दूध के लोटे डाल जाते थे और दूकान और सड़क के बीच की जगह कीच से अट जाती थी। तक़सीम के बाद हिंदुस्तान में रह जानेवाले सिराज को लिजलिजे हिंदुओं की इस रस्म का एहतराम करना ही पड़ता था। अलबत्ता नहीं करते थे तो दोग़ले कुत्ते, जो दिन-भर टाँग उठा-उठाकर उस पेड़ पर पेशाब करते रहते थे, जिसके बारे में भगवान ने कहा था : 'और वृक्षों में मैं पीपल हूँ।' जरूर वह पिछले जन्म में मुसलमान होंगे जो सैंतालीस के फ़सादों में हिंदुओं के हाथों मारे गए।

सिराज हमेशा पीपल की गूलरें खाता हुआ दिखाई देता था। उसकी वजह बाज़ार का मंदा होना या भूख न थी। सिराज हर उस चीज़ को खाता था, जो उसकी मनी (वीर्य) को मुग़ल्लिज़ (गाढ़ा) कर दे। हाँ, मुसलमान लिंगकटों का यही है ना—खाना, पीना और संभोग करना—वह दिमाग़ी तौर पर कोई हो। कोई ख़ानाबदोश हैं, जो हिंदुस्तान में रहें तो पाकिस्तान की बातें करेंगे, पाकिस्तान में होंगे तो—मेरे मौला बुला लो मदीने मुझे। उन्हें किसी चीज़ से लगाव नहीं। मगन टकले ने कई बार इस बारे में सोचा भी—उनका अल्लाह ख़ूब ऐश करता है। एक अपना भगवान है जो नीचे के बजाय ऊपर त्रिकुटी के आसपास ही मुनज़्ज़ल (अवतरित) होता रहता है। शायद सिराज जाने-बूझे बिना एक तांत्रिक था, जो बिंदु-रक्षा के लिए कुंडलनी को जगाते और ऊपर का रास्ता बनाते थे। वह औरत के अंदर अकड़े पड़े रहते, लेकिन किसी तरह अपने जौहरे-हयात को न जाने देते। निजात (मोक्ष) को इस ख़ुदग़र्ज़ाना तरीक़े से पानेवालों, औरत को सिर्फ़ एक ज़रिया बनानेवालों ने कभी यह सोचा कि उस बेचारी की क्या हालत होती होगी ? उसे भूखा, प्यासा, रोता, तड़पता रखकर कैसे मोक्ष को पहुँच सकता है कोई ? किस परमात्मा को पा सकता है ? फिर जो निजात बिंदु से छुटकारा पा लेने में है—पुरुष के लिए, स्त्री के लिए ? स्वाति बूँद तो मोती नहीं, न सीपी मोती है, मोती तो बूँद के गिरने और सीपी के उसे अपने अंदर लेकर मुँह बंद कर लेने में है।

रात लपक आई थी। बाहर वह दुनिया का किनारा अँधेरे के साथ कुछ और भी पास रेंग आया था। रेशमवाले विलायतीराम, कश्मीरी बड शाह, हत्ता कि उडपी के चक्कर-पानी की दूकान भी बंद हो गई थी। हो सकता है, महीने का दूसरा सनीचर होने की वजह से उसके सब इडली, दोसे, साँबर, रवा, कसेरी

बिक गए हों। सिर्फ़ सिराज की दूकान खुली थी—न जाने वह किस मार पे था? शायद इसलिए कि बैट्री की ज़रूरत रात ही को पड़ती है। मगर वह सुबह, सुब्हे-काज़िब (झूठी सुबह) ही को दूकान खोल लेता था; जो रात ही का हिस्सा होती है, उसका आख़िरी हिस्सा। वर्ना सुबह कहाँ किसी की रही, वह कम्युनिस्टों की हो ली। शायद सिराज टूरिस्ट एजेंट माइकेल के इंतज़ार में था, ताकि वह दोनों मिलकर अगले रोज़ कहीं आगरे, खजुराहो का प्रोग्राम बना लें, थोड़े पैसे कमा लें। नहीं, सिराज पैसे के पीछे थोड़ा जाता था? वह तो जाता था उन पच्छिमी औरतों के पीछे जो कसीरुल-अज़दवाजी (वैवाहिक कठिनाई) की वजह से भूखी-प्यासी आती थीं और यहाँ आकर मुमताज की मुहब्बत को इधर के किसी भी शाहजहाँ-तबीयतवाले मर्द पे आज़मातीं और खजुराहो के मिथुन को जिंदा करती थीं।

जभी सिराज की आवाज़ ने मगल लाल को चौंका दिया।

"हैलो, स्वीटी पाई..."

सिराज तक़रीबन अनपढ़ था, मगर टूरिस्टों के साथ रहने से इतनी अंग्रेज़ी सीख गया था। उसकी आवाज़ से मगन समझ गया, कीर्ति आई है।

वह सचमुच कीर्ति ही थी, जो छोटे क़द, गठे हुए बदन और मोटे नक़्शवाली एक उदास लड़की थी। उसका रंग पक्का था। फिर ऊपर से जामुनी रंग की धोती पहन रखी थी। जब वह आई तो यूँ लगा, जैसे अँधेरे का कोई टुकड़ा मुतशक्किल (साकार) होकर सामने आ गया। वह हमेशा रात ही को आती थी, जैसे उसे अपना आप छुपाना है। और शायद इसीलिए सिराज की दूकान खुली थी। वह हमेशा की तरह से उसकी तरफ़ देखे, उससे बात किए बग़ैर निकल आई थी। इसके बावजूद सिराज सीटियाँ बजा रहा था।

मगर कीर्ति बात ही कहाँ करती थी। इससे, उससे, किसी से भी नहीं। इससे बात करने के लिए सवाल कुछ यूँ बज़े करने पड़ते थे कि उनका जवाब हाँ हो या ना। सिर्फ़ ऊपर से नीचे या दाएँ से बाएँ सिर हिलाने से बात बन सके। सिराज का उसे छेड़ना मगन को बहुत नापसंद था। उसने कई बार मगन से कहा भी था : "तू कहीं इश्क़ के चक्कर में तो नहीं पड़ गया। ज़वान लड़की है। खींच डाल। बहुत इधर-उधर रहा, लके कबूतर की तरह से तो वह उड़ जाएगी।" लेकिन मगन ने उसे डाँट दिया था।

दरहक़ीक़त मगन टकले का धंधा सद्‌देबाब (सैंकड़ों तरह का) होता था। कीर्ति कोई लकड़ी का काम या शिल्प बनाकर बेचने की ग़रज से उसके पास

लाती तो वह उसमें बहुत कीड़े निकालता। कभी कहता, ऐसी चीज़ों की आज माँग ही नहीं और कभी यह कि वह फ़न के मेयार (स्तर) व महक (कसौटी) पे पूरी नहीं उतरतीं। कीर्ति और भी मुँह लटका लेती। हालाँकि उन सब बातों से मगनलाल का एक ही मक़सद होता कि वह सौ की चीज़ पाँच-दस में दे जाए और फिर यह उसे सीज़न करके सैकड़ों में बेचे।

कीर्ति ने यह काम किसी आर्ट स्कूल में न सीखा था। उसका बाप नारायण एक शिल्पी था, जो भाऊदाजी और जेम्ज़ बरगस वग़ैरह के साथ नेपाल और जाने कहाँ-कहाँ हिंदुस्तान की विरासत को ढूँढ़ता फिरा था, जोकि दरअसल लंदन के म्यूज़ियम, न्यूयार्क और शिकागो की एनटीक़ की दूकानों में रुल रही थी। हर साल हमारे मंदिरों और सनमख़ानों से सैकड़ों मूर्तियाँ ग़ायब होतीं, और हज़ारों मील दूर क्यूरियो वग़ैरह की दूकानों में जगह पातीं। नारायण मुसलसल सफ़र से तंग आकर लौट आया था और घर ही में शिल्प बनाने शुरू कर दिए थे, जिन्हें कीर्ति बड़े इन्हिमाक (तन्मयता) से देखती रहती थी और बीच में औज़ार पकड़ाने और रफ़ वर्क करने में बाप की मदद भी करती थी। यूँ घर बैठ जाने में नारायण बात को भूल ही गया कि खोया हुआ वुरसा पाए हुए से कहीं ज़्यादा क़ीमती होता है और उसके दोगुने-चौगुने ही नहीं, सौ गुना दाम मिलते हैं। शायद वह जानता भी था, लेकिन वह उन चंद लोगों में से था, जो पैसे की माहियत (वास्तविकता) को समझ जाते हैं और ज़िंदगी के फैलाव में नहीं देखते। वह शिल्प बनाता और मुश्किल से रोटी कमाता था। आख़िर एक दिन दो रोटियों के दरम्यान उसकी मौत वाक़े हो गई। वह जगदंबा का बुत बना रहा था, जबकि उसका अपना ही चिज़िल उसके हाथ में लग गया जिससे उसे टेटनिस हो गया और वह क़रीब के छावनी अस्पताल में मर गया। कहते हैं, वह कुत्ते की मौत मरा। क्यों न ऐसी मौत मरता? जब वह देवी का बुत बनाता था तो दिनों, महीनों उसकी छातियों, उसके कूल्हों और रानों पर ठहरा रहता। छोटे शिल्पों में तो छातियाँ ख़ला में घूमते हुए लट्टू मालूम होती थीं, लेकिन बड़ों में टाँगें और टारसू एक तरह की घड़ौंची थे। असल बात दूध के वह बड़े-बड़े मटके थे जो उस पे रखे होते थे और कूल्हे हथिनी के माथे की तरह से, जिसके नीचे से एक की बजाय दो सूँड़ें निकलती थीं। उसने दुर्गा का शिल्प भी बनाया था, जो बड़ी जबरजंग देवी है। ऐसी देवियों के बदन बनाते हुए नारायण कुत्ते की नहीं तो क्या हमारी-आपकी मौत मरता?

"क्या लाई हो?" मगन टकले ने कीर्ति से पूछा।

कीर्ति ने अपनी धोती के पल्लू से लकड़ी का काम निकाला और धीरे से उसे मगन के सामने रोल टॉप की मेज़ पर रख दिया, क्योंकि ऊपर के लैंप की रोशनी वहीं मरकूज़ हो रही थी। उसे देखने से पहले मगन ने एक बैरोक़ कुर्सी कीर्ति के सामने सरका दी। मगर वह बदस्तूर खड़ी रही।

''तुम्हारी माँ कैसी है?''

कीर्ति ने कोई जवाब न दिया। उसने एक बार पीछे उस तरफ़ देखा जहाँ सड़क नीचे गिरती है और जब चेहरा मगन की तरफ़ किया तो उसकी आँखें नम थीं।

कीर्ति की माँ वहीं छावनी के अस्पताल में पड़ी थी, जहाँ उसके बाप नारायण ने दम तोड़ा था। बुढ़िया को मिक़अद (बैठने की जगह) का सरतान (फोड़ा) था। उसके पेट में सूराख़ करके एक नली लगा दी गई थी और उसके ऊपर एक बोतल बाँध दी गई थी ताकि बौलो-बराज़ (पेशाब-पाख़ाना) नीचे जाने के बजाय ऊपर बोतल में चले जाएँ। पहली बोतल किसी वजह से ख़राब हो गई थी और अब दूसरी के लिए पैसे चाहिए थे। अगर वह मगन को बता देती तो वह शायद दूसरे तरीक़े से बात करता, लेकिन वुड वर्क को देखकर वह वैसे ही भड़क गया था।

''फिर वही,'' उसने कहा : ''मैंने तुमसे कै बार कहा है, आजकल इन चीज़ों को कोई नहीं पूछता। यह लेटे हुए विष्णु, ऊपर शेषनाग... लक्ष्मी पाँव दाब रही है...''

कीर्ति ने बड़ी-बड़ी आँखों से मगन की तरफ़ देखा, जिनमें सवाल था–और क्या बनाऊँ?

''वही, जो आजकल होता है।''

''आजकल... क्या होता है?'' कीर्ति ने आख़िर मुँह खोला। मुश्किल से आवाज़ सुनाई दी, जैसे केनरी (Canary) की चोंच हिलती दिखाई देती है, मगर आवाज़ सुनाई नहीं देती।

मगन ने कुछ रुकते, कुछ रास्ता पाते हुए कहा : ''और कुछ नहीं होता तो गाँधी ही बनाओ, नेहरू बनाओ...'' और फिर जैसे उसे कोई ग़लती लगी और वह अपने आपको दुरुस्त करते हुए बोला : ''कोई न्यूड...''

''न्यूड?''

''हाँ, आजकल लोग न्यूड पसंद करते हैं।''

कीर्ति चुप हो गई। कुँवारी होने के नाते वह शरमा सकती थी, लजा सकती

थी। मगर यह सब बातें उस लड़की के लिए तअय्युश (ऐश का सामान मुहय्या करने का काम) थीं। उसे फ़िक्र थी तो सिर्फ़ इस बात की कि मगन उसके वुड वर्क को ख़रीदता, पैसे देता है या नहीं? कुछ सोचते, रुकते हुए उसने कहा : "मुझे नहीं आता।"

"क्या बात करती हो? तुम्हारे बाप ने बीसियों बनाए।"

"वह तो देवी माँ के थे।"

'फ़र्क़ क्या है?" मगन टकले ने कहा : "देवी भी तो औरत होती है। तुम वही बनाओ। मगर भगवान के लिए कोई देवमाला उसके साथ नत्थी मत करो। इन्हीं हरकतों से ही तो तुम्हारे पिता ऐसी मौत ⋯ सरगबास हुए।"

कीर्ति ने अपने जीवन के पिछवाड़े में झाँका। अब जैसे वह खड़ी रह सकती थी। किसी और ख़तरे से उसका सारा बदन काँप रहा था, जिसे वही जानती थी, कोई दूसरा नहीं। फिर भी वह बैरोक़ कुर्सी पर बैठी नहीं, उसका सहारा लेकर खड़ी हो गई। इस तरफ़ से उसके बदन के हसीन मगर जारिहाना ख़त (आंगिक रेखाएँ) दिखाई दे रहे थे। क्या शिल्प था, जिसे ऊपर के नहीं, नीचे के नारायण ने बनाया था। मगनलाल के दिमाग़ में इख़्तियार और बेइख़्तियारी आपस में नबर्दआज़मा (युद्धरत) हो रहे थे और वह नहीं जानता था कि बराबरवाली लड़की के अंदर भी वही चारा और लाचारी आपस में टकरा रहे हैं। उसका मुँह सूख गया था। कोई घूँट-सा भरने की कोशिश में वह बोली :

"मैं ⋯ मेरे पास मॉडल नहीं।"

"मॉडल?" मगन ने उसके पास आते हुए कहा : "सैकड़ों मिलते हैं। आज तो किसी भी जवान, ख़ूबसूरत लड़की को पैसे की झलक दिखाओ तो वह एकदम ⋯"

कीर्ति ने कुछ कहा नहीं। मगर मगन ने साफ़ सुन लिया : "पैसे?" और ख़ुद ही कहने लगा : "आदमी पैसा ख़र्च करे तभी पैसा बना सकता है ना।"

इस बात ने कीर्ति को और भी उदास कर दिया। उसकी रूह ज़िंदगी के इस जबर के नीचे फड़फड़ा रही थी। फिर उसकी आँखें भीगने लगीं। औरत का यही आलम तो होता है, जो मर्द के अंदर बाप और शौहर को जगा देता है। चुनाँचे मगन ने अपना हाथ बढ़ाया, ताकि उसे बाज़ुओं में ले ले और छाती से लगाकर कहे : 'मेरी जान, तुम फ़िक्र न करो ⋯ मैं जो हूँ।' लेकिन कीर्ति ने उसे झटक दिया। मगन कट गया। उसने यूँ ज़ाहिर किया जैसे कुछ हुआ ही नहीं। तुरप उसके हाथ में था। रोल टॉप पर से उसने वुड वर्क को उठाया और उसे

कीर्ति की तरफ़ बढ़ाते हुए बोला : ''मुझे इसकी ज़रूरत नहीं।''

जब तक कीर्ति ने भी कुछ सोच लिया था। उसने पहले नीचे देखा और फिर एकाएकी सिर ऊपर उठाते हुए बोली : ''अगली बार न्यूड ही लाऊँगी। अभी तुम इसे ही ले लो।''

''शर्त है ?'' मगन ने मुस्कराते हुए कहा।

कीर्ति ने सिर हिला दिया। मगन टकले का ख़याल था, कीर्ति साथ हँस पड़ेगी। मगर वह तो कुछ और भी संजीदा हो गई थी। उसने रोल टॉप को उठाया और मेज़ के अंदर से दस रुपए का चुरमुरा-सा नोट निकाला और उसे कीर्ति की तरफ़ बढ़ा दिया : ''लो।''

''दस रुपए ?'' कीर्ति ने कहा।

''हाँ, तुम्हें बताया ना, मेरे लिए यह सब बेकार है। मैं और नहीं दे सकता।''

''इनसे तो...'' और कीर्ति ने जुमला भी पूरा न किया। उसके अंदर गोयाई (वाक्शक्ति) अल्फाज़ सब थक गए थे। पर मतलब साफ़ था। मगन समझ गया, 'इससे तो बोतल भी न आएगी।—दवा का ख़र्चा भी पूरा न होगा,' 'रोटी भी न चलेगी' क़िस्म के फ़िक़रे होंगे। सब मजबूर और नादार जिनकी क़ै किया करते हैं। उसने कीर्ति की तरफ़ देखते हुए कहा : ''मुझे बस वह ला दो तो मैं अच्छे पैसे दूँगा।''

और ऐसा कहने में उसने हाथ की दो उँगलियों का छल्ला बनाया, थोड़ी आँख मारी: जैसी डोम साज़िंदे नायिका को दाद देते हुए मारते हैं।

कीर्ति बाहर निकली तो उसके होंठ भिचे हुए थे, वह थोड़ा हाँफ रही थी। लौटने पर कीर्ति हमेशा उलटी तरफ़ से जाती थी, हालाँकि उसमें उसे मील-डेढ़ मील का चक्कर पड़ता था। वह नहीं चाहती थी, सिराज से उसकी टक्कर हो। लेकिन आज वह उसी तरफ़ से गई। जैसे उसमें कोई मुदाफ़अत (निवारण-शक्ति) उभर आई थी। माइकेल चला आया था और सिराज के साथ मिलकर कुछ खा रहा था; जबकि कीर्ति मुँह ऊपर उठाए, नाक फुलाए हुए पास से गुज़र गई। सिराज ने कुछ कहा, जो मगन को सुनाई न दिया। कीर्ति में वह बग़ावत ही का जज़्बा था और या फिर वह उन मुसीबतज़दा लोगों में से थी जो दुश्मन के साथ भी बनाकर रखने की सोचते हैं। मुबादा उन्हीं से कोई काम आ पड़े। शायद यह औरत की फ़ितरत का ख़ास्सा (विशेषता) था, जो उस मर्द को भी अपने पीछे लगाए रखती है, जिससे उसे कुछ लेना-देना नहीं। सिर्फ़ इसलिए कि

उसे देखकर एक बार उसने सीटी बजाई थी या अपनी छाती पर हाथ रखकर सर्द आह भरी थी।

सिराज ज़रूर कोई 'एफ्रोडेज़याक' खा रहा था। हो सकता है पाए हों, जो माइकेल उसके लिए लाया था। शायद वह दोनों मिलकर मगन टकले के पास आते और उसे कुछ दाँव-घात बताते, लेकिन मगन ने दूकान ही बढ़ा ली थी। दरवाज़ों को अंदर से बंद करते हुए उसने कीर्ति के वुड वर्क को देखा, जो बहुत उम्दा था। शेषनाग का निचला हिस्सा तो ख़ूबसूरत था ही लेकिन ऊपर की चितकबरी खाल में उसने सिर्फ़ गोदनों से रंग भर दिए थे। विष्णु में वही था जो कोई भी अक़ीदतमंद औरत किसी **मर्द में देखना** चाहती है। अलबत्ता लक्ष्मी ढेर-सी पड़ी थी और उसके बदन के **ख़त** वाज़े न थे। शायद कीर्ति लक्ष्मी को उसके किसी भी मानी में न जानती थी। हालाँकि उसे रोचक बनाना कितना आसान था। जब औरत पाँव दबाने के लिए झुकती है तो ज़ाहिर है उसके हाथ, बाज़ू बदन से अलग होते हैं और मख़सूस औरत साफ़ और सामने दिखाई देती है। फिर पहलू पे बैठी हुई ऊपर की औरत नीचेवाली से कितनी कट जाती है और मर्द की नज़रों को क्या-क्या ऊँच-नीच समझाती है। अगर यह कहें, कीर्ति ख़ुद औरत थी इसलिए उसे औरत की बनिस्बत मर्द में ज़्यादा दिलचस्पी थी तो यह ग़लत होगा। क्योंकि औरत अपने हुस्न के सिलसिले में अव्वल और आख़िर ख़ुदपरस्त होती है और जब उसकी यह ख़ुदपरस्ती उसके लिए नाक़ाबिले-बर्दाश्त हो जाती है तो किसी भी मर्द की मदद से उसे झटक देती है।

मगन ने कीर्ति के वुड वर्क को एक हाथ में लिया और दूसरे में चाकू लेकर उस पर 'सिद्धम् नमः' के अल्फ़ाज़ कुंदा कर दिए और फिर पिछले कमरे में पहुँच गया जहाँ कच्ची ज़मीन थी, जिसे खोदकर उसने वुड वर्क को नीचे रखा, एक और मूर्ति को निकाला जो कीर्ति ही की बनाई हुई थी और गड्ढे पे मिट्टी डालकर उस पर कत्थे का पानी छिड़क दिया। पुराने बुत की मिट्टी झाड़कर उसे देखा तो बड़ी-बड़ी दरारें उसमें चली आई थीं और वह सदियों पुराना मालूम हो रहा था। अगले दिन जब वह उसे लेकर टूरिस्टों के पास गया तो वह बहुत ख़ुश हुए। मगन ने उन्हें बताया कि उसका ज़िक्र कालिदास के रघुवंश में आता है। रघु जी ने कोंकण के इलाक़े में त्रिकुट नाम का एक शहर बसाया था, जहाँ से यह बुत बरामद हुए। कुछ मैसूर के चंपा राजा वडयार के पास हैं और कुछ अपने पास। चुनाँचे उस बुत को मगन टकले ने साढ़े पाँच सौ रुपए में बेच दिया, जिसके लिए उसने कीर्ति को सिर्फ़ पाँच रुपए दिए थे।

इस वाक़िए के एक हफ्ते के अंदर कीर्ति न्यूड ले आई। वह बदस्तूर बदहवास थी। उसकी माँ तो बीमार थी ही, वह भी बीमार हो गई थी। उसे क़रीब-क़रीब नमूनिया हो रहा था। वह खाँस रही थी और बार-बार अपना गला पकड़ रही थी, जिस पर उसने रुई का लोगड़ एक फटे-पुराने कपड़े के साथ बाँध रखा था।

कीर्ति ने मामूल की तरह से शिल्प को मगन टकले के सामने रखा। अबके उसने उसे लकड़ी में नहीं, पत्थर में बनाया था। अब वह फिर उम्मीदो-बीम (आशा और निराशा) के साथ मगन की तरफ़ देख रही थी। मगन अगर नापसंदीदगी का इज़हार करता तो बहुत बड़ा झूठ होता। इसलिए उसने उसे पसंद किया, बल्कि जी भरकर दाद दी। एतराज़ तो सिर्फ़ इतना कि वह बहुत छोटा था। काश ! वह उसे क़दे-आदम में बनाती तो न सिर्फ़ उसे बल्कि ख़ुद मगन को भी बहुत फ़ायदा होता।

उसने शिल्प यक्षी को हाथ में लिया और ग़ौर से देखा। कीर्ति फिर भी सचमुच का न्यूड न बना सकी थी। बुत के बदन पर कपड़ा था, जो गीला था। कमाल यह था कि उस कपड़े से अब भी पानी के क़तरे टपकते हुए महसूस हो रहे थे। वह कहीं तो बदन से चिपका हुआ था और कहीं अलहैदा। बज़ाहिर छुपाने के अमल में वह औरत के जिस्म को और भी अयाँ कर रहा था।

शिल्प पर से नज़रें हटाकर मगन टकले ने कीर्ति की तरफ़ देखा और बेइख़्तियार उसके मुँह से निकला : "ओह !" कीर्ति झेंप गई और उस जामुनी साड़ी को आगे खींचने, पीछे से ढाँपने लगी; लेकिन मगन सब जान गया था कि वह बरहना होकर ख़ुद को आईने में देखती और उसे बनाती रही है। कै बार उसने कपड़ा भिगोकर अपने बदन पर रखा होगा, जिससे उसे सर्दी हो गई और अब वह खाँस रही है। यह सिर्फ़ पैसे ही की बात नहीं—औरत में नुमाइश और ख़ुदसुपुर्दगी का जज़्बा भी तो है। मगन सब समझ गया था मगर तजाहुल (अनजान बनना) बरतते हुए उसने पूछा : "माँ कैसी है ?"

कीर्ति जैसे एकदम बराफ़रोख़्ता हो गई। उसे खाँसी का फ़िट-सा पड़ा और ख़ुद को सँभालने में ख़ासी देर लगी। मगन घबरा गया था और शर्मिंदा भी था। उसके बाद सिर हिलाते हुए जो उसने सवाल किया, वह बहुत ग़ैरज़रूरी था : "तो मॉडल मिल गया तुम्हें ?"

कीर्ति ने पहले तो नज़रें गिरा दीं और फिर दूकान से बाहर उस तरफ़ देखने लगी जहाँ सड़क आसमान को छूती हुई एकाएकी नीचे गिरती थी। मगन ने चाहा कि उसे इस कमज़ोरी के आलम में पकड़ ले और वह दाद दे जिसकी वह

मुस्तहिक़ थी और जो शायद वह चाहती भी थी। मगर उसने सोचा, ऐसे में दाम बढ़ जाएँगे। उसने अपने दिल में अबके कीर्ति को सौ रुपए देने का फैसला किया। बोतल और बाक़ी की चीज़ें शायद सौ की न हों, मगर वह सौ ही देगा। अंदर ही अंदर वह डर भी रहा था कि कहीं कीर्ति ज़्यादा का मुतालबा न पेश कर दे।

''क्या दाम दूँ इसके?'' उसने यूँ ही सरसरी तरीक़े से पूछा।

कीर्ति ने उचटती हुई नजर से उसकी तरफ़ देखा और बोली : ''अबके मैं पचास लूँगी।''

''पचास?''

''हाँ। पाई कम नहीं।''

मगन ने तस्कीन के जज़्बे से रोल टॉप उठाया और चालीस रुपए निकालकर कीर्ति के सामने रख दिए और बोला : ''जो तुम कहो, मगर अभी चालीस ही हैं मेरे पास। दस फिर ले लेना।''

कीर्ति ने रुपए हाथ में ले लिए और कहा : ''अच्छा!''

वह जाने ही वाली थी कि मगन ने उसे रोक लिया : 'सुनो।''

कीर्ति गित के बीच थमकर उसकी तरफ़ 'मुझे थाम लो' के अंदाज़ में देखने लगी। उसके चेहरे पे उदासियाँ छँट जाने के बजाय कुछ और खँड गई थीं, जबकि मगन टकले ने पूछा : ''इतने पैसों में तुम्हारा काम चल जाएगा?''

कीर्ति ने सिर हिला दिया और फिर हाथ फैलाए, जिसका मतलब था—और क्या करना—? फिर उसने बताया : ''माँ का ऑपरेशन आ रहा है, जिसके लिए सैकड़ों रुपए चाहिए।''

''मैं तो कहती हूँ,'' उसने कहा और फिर कुछ रुककर बोली : ''माँ जितनी जल्दी मर जाए, उतना ही अच्छा है।'' और फिर वह खड़ी पाँव के अँगूठे से ज़मीन कुरेदने लगी। आख़िर वह ख़ुद ही बोल उठी : ''ऐसे एड़ियाँ रगड़ने से तो मौत अच्छी है।''

जब मगन ने उससे आँख न मिलाई तो कीर्ति अट्ठारह-उन्नीस बरस की लड़की के बजाय पैंतीस-चालीस बरस की भरपूर औरत नज़र आने लगी, जो ज़िंदगी का हर वार अपने ऊपर लेती और उसे बेकार करके फेंक देती है।

''एक बात कहूँ,'' मगन टकले ने पास आते हुए कहा : ''तुम मिथुन बनाओ, ऑपरेशन का सब ख़र्चा मैं दूँगा।''

''मिथुन?'' कीर्ति ने कहा और लरज़ उठी।

''हाँ,'' मगन बोला : ''उसकी बहुत ज़्यादा माँग है। टूरिस्ट इसके लिए दीवाने होते हैं।''

''लेकिन…''

''मैं समझता हूँ।'' मगन ने सिर हिलाते हुए कहा : ''तुम नहीं जानतीं तो एक बार खजुराहो चली जाओ और देख लो, मैं उसके लिए तुम्हें पेशगी देने को तैयार हूँ।''

''तुम ?' कीर्ति ने नफ़रत से उसकी तरफ़ देखा और फिर कुछ देर के बाद बोली : ''तुम तो कह रहे थे तुम्हारे पास और पैसे नहीं ?''

मगन ने फ़ौरन झूठ तराश लिया।

''मेरे पास सच्ची पैसे नहीं,'' वह बोला : ''मैंने दूकान का किराया देने के लिए कुछ अलग रखे थे…''

फिर उसने पैसे देने की कोशिश की, मगर कीर्ति ने अपने ज़ोम में न लिए और वहाँ से चली गई। मगन टकले ने लौटकर 'यक्षी' को देखा और फिर एक छोटी-सी हथौड़ी लेकर उसकी नाक तोड़ दी। फिर एक बाज़ू तोड़ा। फिर टाँग तोड़ी और उसके सिर के सिंगार पर हल्की-हल्की ज़रबें लगाईं, जिससे कुछ किरचें गिरीं। फिर अंदर जाकर उसने उसे रस्सी में बाँधा और नमक के तेज़ाब में डुबो दिया। धुएँ के बादल-से उठे। मगन ने रस्सी को खींचा और यक्षी को निकालकर पानी में डाल दिया। अब जो उसे निकाला तो 'यक्षी' के ख़द्दोख़ाल धुँधले हो गए थे और कहीं-कहीं बीच में सूराख़ चटाख़-से पड़ गए थे। अब वह हज़ार-एक रुपए में बिकने के लिए तैयार थी।

अबके कीर्ति जो शिल्प लाई वह मिथुन ही था। और क़दे-आदम। वह एक बोरी में बँधा हुआ था और ठेले पर आया था। कुछ मज़दूरों ने उठाकर मगन टकले की दूकान पर रखा, फिर अपनी मज़दूरी लेकर वह लोग चले गए।

कीर्ति और ख़ुद को तनहा पाकर, तेज़ साँसों के बीच मगन टकले ने बोरी की रस्सियाँ काटीं, और कुछ वारफ़्तगी (आत्मविस्मृति) से टाट को शिल्प पर से हटाया। अब शिल्प सामने था। परफ़ैक्ट… मगन ने उसे देखा तो उसके गले में लुआब सूख गया। उसका ख़्याल था कि कीर्ति उसके सामने उस शिल्प को न देखेगी, मगर वह वहीं खड़ी थी। उसके सामने, किसी भी हैजान (आवेश) से आरी (रहित)। शिल्प में की औरत तकमील (Orgasm) को पहुँच रही थी, जबकि मर्द ख़ुदरफ़्तग़ी के आलम में उसे दोनों कांधों से पकड़े हुए था; जिसे मगन टकले ने तवज्जोह से न देखा। वह शायद उसे फ़ुर्सत में देखना चाहता था।

"कितने पैसे चाहिए ऑपरेशन के लिए ?" उसने पूछा।

"ऑपरेशन के लिए नहीं। अपने लिए।"

"अपने लिए ? माँ…"

"मर गई…कोई हफ़्ता हुआ।

मगन ने अपने चेहरे पे दुख और अफ़सोस के जज़्बे लाने की कोशिश की, मगर शायद कीर्ति न चाहती थी। उसके होंठ वैसे ही भिचे हुए थे। वह वैसे ही उदास थी, जबकि उसने कहा : "मैं इसका हज़ार रुपया लूँगी।"

मगन भौंचक्का-सा रह गया। उसकी ज़बान में लुकनत थी, जब उसने कहा "इसके हज़ार रुपए भी कोई दे सकता है ?"

"हाँ।" कीर्ति ने जवाब दिया : "मैं बात करके आई हूँ…शायद मुझे ज्यादा भी मिल जाएँ, लेकिन मैंने तुमसे वादा किया था।"

"मैं तो…मैं तो पान सौ ही दे सकता हूँ।"

"नहीं।" और कीर्ति ने मज़दूरों के लिए बाहर देखना शुरू कर दिया। मगन ने उसे रोका : "सौ-एक और ले लो।"

"हज़ार से कम नहीं।"

मगन ने हैरान होकर कीर्ति की तरफ़ देखा, जिसके आज तेवर ही दूसरे थे। क्या वह खजुराहो गई थी ? टूरिस्टों से मिली थी ? किसी भी क़ीमत पे कलाकार को उसकी मार्केट से जुदा रखना चाहिए…मगर ख़ैर…उसने रोल टॉप उठाया और आठ सौ के नोट गिनकर कीर्ति के सामने रख दिए। कीर्ति ने जल्दी से गिने और उसके मुँह पर फेंक दिए।

"मैंने कहा न, हज़ार से कम न लूँगी।"

"अच्छा, नौ सौ ले लो।"

"नहीं।"

"साढ़े नौ सो…नौ सौ पिछत्तर…और फिर कीर्ति की निगाहों में कोई अज़्म (संकल्प) देखकर उसने सौ-सौ के दस नोट उसके हाथ में दे दिए और नशे की हालत में मिथुन की तरफ़ लपक गया। कीर्ति खड़ी थी…जैसे वह अपने फ़न की दाद लेने के लिए ठिठक गई थी। मगन ने मिथुन में की औरत की तरफ़ देखा, जो फिर कीर्ति थी। उसकी आँखों में आँसू क्यों थे ? क्या वह लज़्ज़त की गिराँबारी थी या किसी जब्र का एहसास ? क्या वह दुख और सुख, दर्द और राहत का रिश्ता था, जो कि पूरी कायनात है ? फिर उसने मर्द की तरफ़ देखा, जो ऊपर से लतीफ़ था, मगर नीचे से बेहद कसीफ़ (अपवित्र)। क्यों, कीर्ति ने क्यों मर्द—इन्सान की

'हिमारियत'' (गधेपन) पे ज़ोर दिया था ?··· यह मिथुन है··· मगर वह मिथुन तो नहीं, जो पुरुष और प्रकृति में होता है··· ? ठीक है । उलटा ज़्यादा पैसे मिलेंगे···

मगन टकले ने ऊपर की बत्ती को खींचकर फिर मर्द की तरफ देखा और बोल उठा : ''यह··· मैंने इसे कहीं देखा है ।''

कीर्ति ने कोई जवाब न दिया ।

''तुम···'' मगन ने जैसे पता पाते हुए कहा : ''तुम सिराज के साथ बाहर गई थीं···''

कीर्ति ने आगे बढ़कर ज़ोर से एक थप्पड़ मगन टकले के मुँह पर लगा दिया और नोट हाथ में थामे दूकान से निकल गई ।

अपने दुख मुझे दे दो

शादी की रात बिल्कुल वह न हुआ जो मदन ने सोचा था।

जब चिकली भाभी ने फुसलाकर मदन को बीचवाले कमरे में धकेल दिया तो इंदु सामने शाल में लिपटी हुई अँधेरे का भाग बनी जा रही थी। बाहर चिकली भाभी, दरियां आबादवाली फूफी और दूसरी औरतों की हँसी, रात के ख़ामोश पानी में मिसरी की तरह धीरे-धीरे घुल रही थी। औरतें सब यही समझती थीं, इतना बड़ा हो जाने पर भी मदन कुछ नहीं जानता। क्योंकि जब उसे बीच रात को नींद से जगाया गया तो वह बड़बड़ा रहा था : "कहाँ, कहाँ लिए जा रही हो मुझे?"

इन औरतों के अपने दिन बीत चुके थे। पहली रात के बारे में उनके शरीर शौहरों ने जो कुछ कहा और माना था, उसकी गूँज तक उनके कानों में बाक़ी न रही थी। वह ख़ुद रस-बस चुकी थीं और अब अपनी एक और बहन को बसाने पर तुली हुई थीं। धरती की यह बेटियाँ मर्द को यूँ समझती थीं, जैसे बादल का टुकड़ा हो, जिसकी तरफ़ बारिश के लिए मुँह उठाकर देखना ही पड़ता है। न बरसे तो मन्नतें माननी पड़ती हैं, चढ़ावे चढ़ाने पड़ते हैं, जादू-टोने करने पड़ते हैं। हालाँकि मदन कालका जी की इस नई आबादी में घर के सामने खुली जगह पर पड़ा इसी वक़्त का मुंतज़िर था। फिर शामते-आमाल पड़ोसी सिबते की भैंस उसकी खाट ही के पास बँधी थी, जो बार-बार फुंकारती होती, मदन को सूँघ लेती और वह हाथ उठा-उठाकर उसे दूर रखने की कोशिश करता। ऐसे में भला नींद का सवाल ही कहाँ था?

समंदर की लहरों और औरतों के ख़ून को रास्ता बतानेवाला चाँद, एक खिड़की के रास्ते अंदर चला आया था और देख रहा था, दरवाज़े के उस तरफ़ खड़ा मदन अगला क़दम कहाँ रखता है? मदन के अपने अंदर एक घनगरज-सी

हो रही थी और उसे अपना आप यूँ मालूम हो रहा था जैसे बिजली का खंभा है, जिससे कान लगाने से उसे अंदर की सनसनाहट सुनाई दे जाएगी। कुछ देर यूँही खड़े रहने के बाद उसने आगे बढ़कर पलँग को खींचकर चाँदनी में कर दिया, ताकि दुल्हन का चेहरा तो देख सके। फिर वह ठिठक गया। जभी उसने सोचा, इंदु मेरी बीवी है, कोई पराई औरत तो नहीं जिसे न छूने का सबक़ बचपन से पढ़ता आया हूँ। शाल में लिपटी हुई दुल्हन को देखते हुए उसने फ़र्ज़ कर लिया, यहाँ इंदु का मुँह होगा। और जब हाथ बढ़ाकर उसने पास पड़ी गठरी को छुआ तो वहीं इंदु का मुँह था। मदन ने सोचा था वह आसानी से मुझे अपना आप न देखने देगी, लेकिन इंदु ने ऐसा कुछ न किया, जैसे पिछले कई सालों से वह भी इसी लम्हे की मुंतज़िर हो—और किसी ख़याली भैंस के सूँघते रहने से उसे भी नींद न आ रही हो। ग़ायब नींद और बंद आँखों का करब (बेचैनी) अँधेरे के बावजूद सामने फड़फड़ाता हुआ नज़र आ रहा था। ठोड़ी तक पहुँचते हुए आमतौर पर चेहरा लंबोतरा हो जाता है, लेकिन यहाँ तो सभी गोल था। शायद इसीलिए चाँदनी की तरफ़ गाल और होठों के बीच एक साएदार खोह-सी बनी हुई थी, जैसी दो सरसब्ज़ और शादाब टीलों के बींच होती है। माथा कुछ तंग था, लेकिन उस पर से एकाएकी उठनेवाले घुँघरियाले बाल⋯

जभी इंदु ने अपना चेहरा छुड़ा लिया। जैसे वह देखने की इजाज़त तो देती हो, लेकिन इतनी देर के लिए नहीं। आख़िर शर्म की भी तो कोई हद होती है। मदन ने जरा सख़्त हाथों से यूँ ही-सी हूँ-हाँ करते हुए दुल्हन का चेहरा फिर से उठा लिया और शराबी की-सी आवाज़ में कहा : "इंदु !"

इंदु कुछ डर-सी गई। ज़िंदगी में पहली बार किसी अजनबी ने उसका नाम इस अंदाज़ से पुकारा था और वह अजनबी किसी ख़ुदाई हक़ से रात के अँधेरे में आहिस्ता-आहिस्ता उस अकेली बेयारो-मददगार औरत का अपना होता जा रहा था। इंदु ने पहली बार एक नज़र ऊपर देखते हुए फिर आँखें बंद कर लीं और इतना-सा कहा : "जी !"⋯उसे ख़ुद अपनी आवाज़ किसी पाताल से आती हुई सुनाई दी।

देर तक कुछ ऐसा ही होता रहा और फिर हौले-हौले बात चल निकली। अब जो चली सो चली। वह थमने ही में न आती थी। इंदु के पिता, इंदु की माँ, इंदु के भाई, मदन के भाई-बहन, बाप, उनकी रेलवे मेल सर्विस की नौकरी, उनके मिज़ाज, कपड़ों की पसंद, खाने की आदत सभी कुछ का जायज़ा लिया जाने लगा। बीच-बीच में मदन बातचीत को तोड़कर कुछ और ही करना

चाहता था लेकिन इंदु तरह दे जाती थी। इंतहाई मजबूरी और लाचारी में मदन ने अपनी माँ का ज़िक्र छेड़ दिया, जो उसे सात साल की उम्र में छोड़कर दिक़ के आरज़े से चलती बनी थी। "जितनी देर ज़िंदा रही बिचारी," मदन ने कहा : "बाबूजी के हाथ में दवाई की शीशियाँ ही रहीं। हम अस्पताल की सीढ़ियों पर और छोटा पाशी घर में च्यूँटियों के बिल पर सोते रहे और आख़िर एक दिन—28 मार्च की शाम···" और मदन चुप हो गया। चंद ही लम्हों में वह रोने से ज़रा इधर और घिग्घी से ज़रा उधर पहुँच गया। इंदु ने घबराकर मदन का सिर अपनी छाती से लगा लिया। उस रोने ने पल-भर में इंदु को भी अपनेपन से इधर और बेगानेपन से उधर पहुँचा दिया था··· मदन इंदु के बारे में कुछ और भी जानना चाहता था, लेकिन इंदु ने उसके हाथ पकड़ लिए और कहा : "मैं तो पढ़ी-लिखी नहीं हूँ जी, पर मैंने माँ-बाप देखे हैं, भाई और भाभियाँ देखी हैं, बीसियों और लोग देखे हैं। इसलिए मैं कुछ समझती-बूझती हूँ··· मैं अब तुम्हारी हूँ, अपने बदले में तुमसे एक ही चीज़ माँगती हूँ।"

रोते वक़्त और उसके बाद भी एक नशा-सा था। मदन ने कुछ बेसब्री और दरियादिली के मिले-जुले शब्दों में कहा :

"क्या माँगती हो? तुम जो भी कहोगी मैं दूँगा।"

"पक्की बात?" इंदु बोली।

मदन ने कुछ उतावले होकर कहा : "हाँ, हाँ, कहा जो पक्की बात।"

लेकिन इस बीच में मदन के मन में एक वसवसा आया : 'मेरा कारोबार पहले ही मंदा है, अगर इंदु कोई ऐसी चीज़ माँग ले जो मेरी पहुँच ही से बाहर हो तो फिर क्या होगा?' लेकिन इंदु ने मदन के सख़्त और फैले हुए हाथों को अपने मुलायम हाथों में समेटते और उन पर अपना गाल रखते हुए कहा :

"तुम अपने दुख मुझे दे दो।"

मदन सख़्त हैरान हुआ। साथ ही उसे अपने आप पर से एक बोझ भी उतरता हुआ महसूस हुआ। उसने फिर चाँदनी में एक बार इंदु का चेहरा देखने की कोशिश की, लेकिन वह कुछ न जान पाया। उसने सोचा, यह माँ या किसी सहेली का रटा हुआ फ़िक़रा होगा, जो इंदु ने कह दिया। जभी एक जलता हुआ आँसू मदन के हाथ की पुश्त पर गिरा। उसने इंदु को अपने साथ लिपटाते हुए कहा : "दिए।" लेकिन इन सब बातों ने मदन से उसकी बहीमियत (पशुत्व) छीन ली थी।

मेहमान एक-एक करके सब रुख़्सत हुए। चिकली भाभी दो बच्चों को उँगलियों मे लगाए सीढ़ियों की ऊँच-नीच से तीसरा सँभालती हुई चल दी। दरिया आबादवाली फूफी, जो अपने नौलखे हार के गुम हो जाने पर शोर मचाती, वावेला करती हुई बेहोश हो गई थी और जो गुस्लख़ाने में पड़ा मिल गया था, जहेज़ में से अपने हिस्से के तीन कपड़े लेकर चली गई। फिर चाचा गए, जिनको उनके जे.पी. होने की ख़बर तार के ज़रिए से मिल गई थी; जो शायद बदहवासी में मदन के बजाय दुल्हन का मुँह चूमने चले थे।

घर में बूढ़ा बाप रह गया था और छोटे बहन-भाई। छोटी दुलारी तो हर वक़्त भाभी की बग़ल ही में घुसी रहती। गली-मुहल्ले की कौन-सी औरत दुल्हन को देखे या न देखे, देखे तो कितनी देर देखे, यह सब उसके इख़्तियार में था। आख़िर यह सब ख़त्म हुआ और इंदु आहिस्ता-आहिस्ता पुरानी होने लगी; लेकिन कालका जी की इस नई आबादी में लोग आज भी आते-जाते मदन के घर के सामने रुक जाते और किसी भी बहाने से अंदर चले आते। इंदु उन्हें देखते ही एकदम घूँघट खींच लेती। लेकिन इस छोटे-से वक़्फ़े में उन्हें जो कुछ दिखाई दे जाता, वह बिना घूँघट के दिखाई ही न दे सकता था।

मदन का कारोबार गंदे बिरोज़े का था। कहीं बड़ी सप्लाईवाले दो-तीन जंगलों में चीड़ और देवदार के पेड़ों को जंगल की आग ने आ लिया था और वह धड़-धड़ जलते हुए ख़ाक सियाह होकर रह गए थे। मैसूर और आसाम की तरफ़ से मँगवाया हुआ ब्रिरोज़ा महँगा पड़ता था और लोग उसे महँगे दामों ख़रीदने पर तैयार न थे। एक तो आमदनी कम हो गई थी, उस पर मदन जल्द ही दूकान और उसके साथवाला दफ़्तर बंद करके घर चला आता। घर पहुँचकर उसकी सारी कोशिश यही होती कि सब खाएँ-पिएँ और अपने-अपने बिस्तरों में दुबक जाएँ। जभी वह खाते वक़्त ख़ुद थालियाँ उठा-उठाकर बाप और बहन के सामने रखता और उनके खा चुकने के बाद जूठे बरतनों को समेटकर नल के नीचे रख देता। सब समझते बहू भाभी ने मदन के कान में कुछ फूँका है कि आज वह घर के कामकाज में दिलचस्पी लेने लगा है। मदन सबसे बड़ा था। कुंदन उससे छोटा और पाशी सबसे छोटा। जब कुंदन भाभी के स्वागत में सबके एक साथ बैठकर खाने पर इसरार करता तो बाप धनीराम वहीं डाँट देता : "खाओ तुम," वह कहता : "वह भी खा लेंगे।" और फिर रसोई में इधर-उधर देखने लगता और जब बहू खाने-पीने से फ़ारिग़ हो जाती और बरतनों की तरफ़ मुतवज्जे होती तो बाबू धनीराम उसे रोकते हुए कहते : "रहने

दो बहू, बरतन सुबह हो जाएँगे।"

इंदु कहती : "नहीं बाबूजी, मैं अभी किए देती हूँ झपाके से।"

तब बाबू धनीराम एक लरज़ती हुई आवाज़ में कहते : "मदन की माँ होती बहू, तो यह सब तुम्हें करने देती ?" और इंदु एकदम अपने हाथ रोक लेती।

छोटा पाशी भाभी से शरमाता था। इस ख़याल से कि दुल्हन की गोद झट से हरी हो, चिकली भाभी और दरिया आबादवाली फूफी ने एक रस्म में पाशी ही को इंदु की गोद में डाला था। जब से इंदु उसे न सिर्फ़ देवर बल्कि अपना बच्चा समझने लगी थी। जब भी वह प्यार से पाशी को अपने बाज़ुओं में लेने की कोशिश करती तो वह घबरा उठता और अपना आप छुड़ाकर दो हाथ की दूरी पर खड़ा हो जाता। देखता और हँसता, पास आता न दूर हटता। एक अजीब इत्तिफ़ाक़ से ऐसे में बाबू जी हमेशा वहीं मौजूद होते और पाशी को डाँटते हुए कहते : "अरे जा ना… भाभी प्यार करती है। अभी से मर्द हो गया है तू ?" और दुलारी तो पीछा ही न छोड़ती। उसके 'मैं तो भाभी के साथ ही सोऊँगी' के इसरार ने बाबू जी के अंदर कोई जनार्धन जगा दिया था। एक रात इसी बात पर दुलारी को ज़ोर से चपत पड़ी और वह घर की आधी कच्ची आधी पक्की नाली में जा गिरी। इंदु ने लपकते हुए पकड़ा तो सिर पर से दुपट्टा उड़ गया। बालों के फूल और चिड़ियाँ, माँग का सिंदूर, कानों के कर्णफूल सब नंगे हो गए। "बाबू जी !" इंदु ने साँस खींचते हुए कहा… एक साथ दुलारी को पकड़ने और सिर का दुपट्टा ओढ़ने में इंदु के पसीने छूट गए। उस बे-माँ की बच्ची को छाती के साथ लगाए हुए इंदु ने उसे एक बिस्तर में सुला दिया, जहाँ सिरहाने ही सिरहाने, तकिए ही तकिए थे। न कहीं पायँती थी न काठ के बाज़ू। चोट तो एक तरफ़, कहीं कोई चुभनेवाली चीज़ भी न थी। फिर इंदु की उँगलियाँ दुलारी के फोड़े-ऐसे सिर पर चलती हुई उसे दुखा भी रही थीं, और मज़ा भी दे रही थीं। दुलारी के गालों पर बड़े-बड़े और प्यारे-से गढ़े पड़ते थे। इंदु ने उन गढ़ों का जायज़ा लेते हुए कहा : "हाय री मुन्नी ! तेरी सास मरे, कैसे गढ़े पड़ रहे हैं तेरे गालों पर… !" मुन्नी ने मुन्नी ही की तरह कहा : "गढ़े तुम्हारे भी तो पड़ते हैं भाभी !"

"हाँ मुन्नो !" इंदु ने कहा और एक ठंडा साँस लिया।

मदन को किसी बात पर ग़ुस्सा था। वह पास ही खड़ा सबकुछ सुन रहा था। बोला : "मैं तो कहता हूँ एक तरह से अच्छा ही है।"

"क्यों, अच्छा क्यों है ?" इंदु ने पूछा।

"हाँ, न उगे बाँस न बजे बाँसुरी। सास न हो तो कोई झगड़ा ही नहीं रहता।"

इंदु ने एकाएकी ख़फ़ा होते हुए कहा : "तुम जाओ जी, सो रहो जा के, बड़े आए हो... आदमी जीता है तो लड़ता है ना ? मरघट की चुपचाप से झगड़े भले। जाओ ना, रसोई में तुम्हारा क्या काम ?"

मदन खिसियाना होकर रह गया। बाबू धनीराम की डाँट से बाक़ी बच्चे तो पहले ही अपने-अपने बिस्तरों में यूँ जा पड़े थे, जैसे डाकघर में चिट्ठियाँ सार्ट होती हैं, लेकिन मदन वहीं खड़ा रहा। एहतियाज (विरोध) ने उसे ढीठ और बेशर्म बना दिया था। लेकिन इस वक़्त जब इंदु ने भी उसे डाँट दिया तो वह रुआँसा होकर अंदर चला गया।

देर तक मदन बिस्तर में पड़ा कसमसाता रहा। लेकिन बाबू जी के ख़याल से इंदु को आवाज़ देने की हिम्मत न पड़ती थी। उसकी बेसब्री की हद हो गई, जब मुन्नी को सुलाने के लिए इंदु की लोरी सुनाई दी : "तू आ निंदिया रानी, बौराई मस्तानी।"

वही लोरी जो दुलारी मुन्नी को सुला रही थी, मदन की नींद भगा रही थी। अपने आपसे बेज़ार होकर उसने ज़ोर से चादर खींच ली। सफ़ेद चादर के सिर पर लेने और साँस के बंद करने से ख़्वाहमख़्वाह एक मुर्दे का तसव्वुर पैदा हो गया। मदन को यूँ लगा, जैसे वह मर चुका है और उसकी दुल्हन इंदु उसके पास बैठी ज़ोर-ज़ोर से सिर पीट रही है, दीवार के साथ कलाइयाँ मार-मारकर चूड़ियाँ तोड़ रही है, और फिर गिरती-पड़ती, रोती-चिल्लाती रसोई में जाती है और चूल्हे की राख सिर पर डाल लेती है, फिर बाहर लपक जाती है और बाँहें उठा-उठाकर गली-मुहल्ले के लोगों से फ़रयाद करती है : 'लोगो ! मैं लुट गई !' अब उसे दुपट्टे की परवा नहीं, कमीस की परवा नहीं, माँग का सिंदूर, बालों के फूल और चिड़ियाँ सब नंगे हो चुके हैं, जज़्बात और ख़यालात के तोते तक उड़ चुके हैं...।

मदन की आँखों से बेतहाशा आँसू बह रहे थे, हालाँकि रसोई में इंदु हँस रही थी पल-भर में अपने सुहाग के उजड़ने और फिर बस जाने से बेख़बर... मदन जब हक़ाइक़ की दुनिया में आया तो आँसू पोंछते हुए अपने उस रोने पर हँसने लगा... इधर इंदु हँस तो रही थी, लेकिन उसकी हँसी दबी-दबी थी। बाबू जी के ख़याल से, वह कभी ऊँची आवाज़ में न हँसती थी, जैसे खिलखिलाहट कोई नंगापन है, ख़ामोशी दुपट्टा और दबी हँसी एक घूँघट। फिर मदन ने इंदु का

एक ख़याली बुत बनाया और उससे बीसियों बातें कर डालीं। यूँ उससे प्यार किया, जैसे अभी तक न किया था ''' वह फिर अपनी दुनिया में लौटा, जिसमें साथ का बिस्तर ख़ाली था। उसने हौले से आवाज़ दी : ''इंदु'' और फिर चुप हो गया। इस उधेड़-बुन में वह बौरानी-मस्तानी निंदिया उससे भी लिपट गई। एक ऊँघ-सी आई, लेकिन साथ ही यूँ लगा, जैसे शादी की रातवाली पड़ोसी सिबते की भैंस मुँह के पास फुँकारने लगी है। वह एक बेकली के आलम में उठा, फिर रसोई की तरफ़ देखते, सिर को खुजाते दो-तीन जँभाही लेकर लेट गया ''' सो गया।

मदन जैसे कानों को कोई सँदेसा देकर सोया था। जब इंदु की चूड़ियाँ बिस्तर की सलवटें दुरुस्त करने के लिए खनक उठीं तो वह भी हड़बड़ाकर उठ बैठा। यूँ एकदम जागने में मुहब्बत का जज़्बा और भी तेज़ हो गया था। प्यार की करवटों को तोड़े बग़ैर आदमी सो जाए और एकाएकी उठे तो मुहब्बत दम तोड़ देती है। मदन का सारा बदन अंदर की आग से फुँक रहा था और यही उसके ग़ुस्से का कारण बन गया, जब उसने कुछ बौखलाए हुए अंदाज में कहा :

''सो, तुम आ गईं!''

''हाँ!''

''मुन्नी—सो मर गई?''

इंदु झुकी-झुकी एकदम सीधी खड़ी हो गई : ''हाय राम!'' उसने नाक पर उँगली रखते, हाथ मलते हुए कहा : ''क्या कह रहे हो? मरे क्यों बेचारी! माँ-बाप की एक ही बेटी ''' !''

''हाँ!'' मदन ने कहा : ''भाभी की एक ही नंद।'' और फिर एकदम तो हक्कुमाना (आदेशात्मक) लहजा इख़्तियार करते हुए बोला : ''ज़्यादा मुँह मत लगाओ इस चुड़ैल को।''

''क्यों, इसमें क्या पाप है?''

''यही पाप है,'' मदन ने और चिढ़ते हुए कहा : ''पीछा ही नहीं छोड़ती तुम्हारा। जब देखो जोंक की तरह चिमटी हुई है, दफ़ान ही नहीं होती।''

''हाँ।'' इंदु ने मदन की चारपाई पर बैठते हुए कहा : ''बहनों और बेटियों को यूँ तो धुत्कारना नहीं चाहिए। बिचारी दो दिन की मेहमान। आज नहीं तो कल, कल नहीं तो परसों, एक दिन चल ही देगी।'' इसके बाद इंदु कुछ कहना चाहती थी, लेकिन वह चुप हो गई। उसकी आँखों के सामने अपनी माँ, बाप, भाई, बहन, चचा, ताया सभी घूम गए। कभी वह भी उनकी दुलारी थी जो

पलक झपकते ही न्यारी हो गई और फिर दिन-रात उसके निकाले जाने की बातें होने लगीं। जैसे घर में कोई बड़ी-सी बाँबी है, जिसमें कोई नागिन रहती है और जब तक वह पकड़कर फिकवाई नहीं जाती, घर के लोग आराम की नींद सो नहीं सकते। दूर-दूर से कीलनेवाले, नथन करनेवाले, दाँत फोड़नेवाले मांदरी बुलवाए गए, बड़े-बड़े धनवंतरी और मोती सागर··· आख़िर एक दिन उत्तर-पश्चिम की तरफ़ से लाल आँधी आई जो साफ़ हुई तो एक लारी खड़ी थी जिसमें गोटे-किनारी में लिपटी हुई एक दुल्हन बैठी थी। पीछे घर में, एक सुर पर बजती हुई शहनाई बीन की आवाज़ मालूम हो रही थी। फिर एक धचके के साथ लारी चल दी···

मदन ने कुछ बरअफ़रोख़्तगी के आलम में कहा : ''तुम औरतें बड़ी चालाक होती हो। अभी कल ही इस घर में आई हो और यहाँ के सब लोग तुम्हें हमसे ज्यादा प्यारे लगने लगे?''

''हाँ!'' इंदु ने इसबात (प्रमाणित अंदाज़) से कहा।

''यह सब झूठ है··· यह हो ही नहीं सकता।''

''तुम्हारा मतलब है मैं···''

''दिखावा है यह सब···हाँ!''

''अच्छा जी!'' इंदु ने आँखों में आँसू लाते हुए कहा : ''यह सब दिखावा है मेरा?'' और इंदु उठकर अपने बिस्तर पर चली गई और सिरहाने में मुँह छुपाकर सिसकियाँ भरने लगी। मदन उसे मनाने ही वाला था कि इंदु ख़ुद ही उठकर मदन के पास आ गई और सख़्ती से उसका हाथ पकड़ते हुए बोली : ''तुम जो हर वक़्त जली-कटी कहते रहते हो, हुआ क्या है तुम्हें?''

शौहराना रोबदाब के लिए मदन के हाथ बहाना आ गया : ''जाओ-जाओ, सो जाओ जाके,'' मदन ने कहा : ''मुझे तुमसे कुछ नहीं लेना।''

''तुम्हें कुछ नहीं लेना, मुझे तो लेना है,'' इंदु बोली : ''ज़िंदगी-भर लेना है।'' और वह छीना-झपटी करने लगी। मदन उसे धुत्कारता था और वह उससे लिपट-लिपट जाती थी। वह उस मछली की तरह थी, जो बहाव में बह जाने के बजाय आबशार के तेज़ धारे को काटती हुई ऊपर ही ऊपर पहुँचना चाहती है। चुटकियाँ लेती, हाथ पकड़ती, रोती-हँसती···वह कह रही थी :

''फिर मुझे फाफा कुटनी कहोगे?''

''वह तो सभी औरतें होती हैं।''

''ठहरो···तुम्हारी तो···''यूँ मालूम हुआ, जैसे इंदु कोई गाली देनेवाली हो

और उसने मुँह में कुछ मिनमिनाया भी। मदन ने मुड़ते हुए कहा : "क्या कहा?" और इंदु ने अबके सुनाई देनेवाली आवाज़ में दोहराया। मदन खिलखिलाकर हँस पड़ा। अगले ही लम्हे इंदु मदन के बाज़ुओं में थी और कह रही थी :

"तुम मर्द लोग क्या जानो? जिससे प्यार होता है उसके सभी छोटे-बड़े प्यारे मालूम होते हैं। क्या बाप, क्या भाई और क्या बहन।" और फिर एकाएकी दूर देखती हुई बोली :

"मैं तो दुलारी मुन्नी का ब्याह करूँगी।"

"हद हो गई," मदन ने कहा : "अभी एक हाथ की हुई नहीं और ब्याह की भी सोचने लगीं?"

"तुम्हें एक हाथ की दिखती है ना?" इंदु बोली और फिर अपने दोनों हाथ मदन की आँखों पर रखती हुई कहने लगी : "ज़रा आँखें बंद करो और फिर खोलो..." मदन ने सचमुच ही आँखें बंद कर लीं और फिर जब कुछ देर तक न खोलीं तो इंदु बोली : "अब खोलो भी, इतनी देर में तो मैं बूढ़ी हो जाऊँगी!" जभी मदन ने आँखें खोलीं। लम्हा-भर के लिए उसे यूँ लगा, जैसे सामने इंदु नहीं, कोई और बैठी है। वह खो-सा गया।

"मैंने तो अभी से चार सूट और कुछ बर्तन अलग कर डाले हैं उसके लिए।" इंदु ने कहा और जब मदन ने कोई जवाब न दिया तो उसे झँझोड़ते हुए बोली : "तुम क्यों परेशान होते हो? याद नहीं अपना वचन? तुम अपने दुख मुझे दे चुके हो।"

"ऐं"? मदन ने चौंकते हुए कहा और जैसे बेफ़िक्र-सा हो गया। लेकिन अबके जब उसने इंदु को अपने साथ लिपटाया तो वह एक जिस्म ही नहीं रह गया था, साथ-साथ एक रूह भी शामिल हो गई थी।

मदन के लिए इंदु रूह ही रूह थी। इंदु के जिस्म भी था, लेकिन वह हमेशा किसी न किसी वजह से मदन की नज़रों से ओझल ही रहा। एक परदा था—ख़्वाब के तारों से बना हुआ, आहों के धुएँ से रंगीन, क़हक़हों की ज़रतारी से चकाचौंध, जो हर वक़्त इंदु को ढाँपे रहता था। मदन की निगाहें और उसके हाथों के दुःशासन सदियों से इस द्रोपदी का चीर-हरण करते आए थे, जो कि उर्फ़े-आम में बीवी कहलाती है, लेकिन हमेशा उसे आसमानों से थानों के थान, गज़ों के

गज़ कपड़ा नंगापन ढाँपने के लिए मिलता आया था। दुःशासन थक-हार के यहाँ-वहाँ गिरे पड़े थे लेकिन द्रोपदी वहीं खड़ी थी। इज़्ज़त और पाकीज़गी की सफ़ेद साड़ी में मलबूस वह देवी लग रही थी और…

मदन के लौटते हुए हाथ ख़जालत (प्रायश्चित) के पसीने से तर होते, जिन्हें सुखानें के लिए वह उन्हें ऊपर हवा में उठा देता और फिर हाथ के पंजों को पूरे तौर पर फैलाता हुआ एक तशन्नुजी (विकृत) कैफ़ियत में अपनी आँखों की फैलती-फटती हुई पुतलियों के सामने रख देता और फिर उँगलियों के बीच में से झाँकता—इंदु का मरमरीं जिस्म, ख़ुशरंग और गुदाज़, सामने पड़ा होता। इस्तेमाल के लिए पास, इब्तिज़ाल (अपव्यय) के लिए दूर—कभी इंदु की नाकाबंदी हो जाती तो इस क़िस्म के फ़िक़रे होते :

''हाय जी! घर में छोटे-बड़े सभी हैं, वह क्या कहेंगे?''

मदन कहता : ''छोटे समझते नहीं, बड़े समझ जाते हैं।''

इसी दौरान में बाबू धनीराम की तब्दीली सहारनपुर हो गई। वहाँ वह रेलवे मेल सर्विस में सेलेक्शन ग्रेड के हैडक्लर्क हो गए। इतना बड़ा क्वार्टर मिला कि उसमें आठ कुनबे रह सकते थे। लेकिन बाबू धनीराम उसमें अकेले ही टाँगें फैलाए पड़े रहते। ज़िंदगी-भर वह बाल-बच्चों से कभी अलहैदा नहीं हुए थे। सख़्त घरेलू क़िस्म के आदमी, आख़िरी ज़िंदगी में इस तन्हाई ने उनके दिल में वहशत पैदा कर दी। लेकिन मजबूरी थी। बच्चे सब दिल्ली में मदन और इंदु के पास थे और वहीं स्कूलों में पढ़ते थे। साल के ख़ात्मे से पहले उन्हें बीच में से उठाना उनकी पढ़ाई के लिए अच्छा न था। बाबू जी को दिल के दौरे पड़ने लगे।

गर्मी की छुट्टियाँ हुईं और उनके बार-बार लिखने पर मदन ने इंदु को कुंदन, पाशी और दुलारी के साथ सहारनपुर भेज दिया। धनीराम की दुनिया चहक उठी। कहाँ उन्हें दफ़्तर के काम के बाद फ़ुर्सत ही फ़ुर्सत थी और कहाँ अब काम ही काम था। बच्चे, बच्चों ही की तरह, जहाँ-जहाँ कपड़े उतारते वहीं पड़े रहने देते और बाबू जी उन्हें समेटते फिरते। अपने मदन से दूर, अलसाई हुई, रत्ती इंदु तो अपने पहनावे तक से ग़ाफ़िल हो गई थी। वह रसोई में यूँ फिरती थी, जैसे काँजी हाउस में गाय बाहर की तरफ़ मुँह उठा-उठाकर अपने मालिक को ढूँढ़ा करती है। काम-धाम करने के बाद वह कभी अंदर ट्रंकों पर लेट जाती, कभी बाहर कंबर के बूटे के पास और कभी आम के पेड़ तले, जो आँगन में सैकड़ों-हज़ारों दिलों को थामे खड़ा था।

सावन भादों में धुलने लगा। आँगन में से बाहर का दरीचा खुलता तो कुँवारियाँ, नई ब्याही हुई लड़कियाँ पींग बढ़ाते हुए गातीं : ''झूला किन ने डारो रे अमरैयाँ···'' और फिर गीत के बोल के मुताबिक़ दो झूलतीं और दो झुलातीं। और कहीं चार मिल जातीं तो भूल-भुलैयाँ हो जातीं। अधेड़ उम्र की और बूढ़ी औरतें एक तरफ़ खड़ी तका करतीं। इंदु को मालूम होता जैसे वह भी इनमें शामिल हो गई है। जभी वह मुँह फेर लेती और ठंडी साँसें भरती हुई सो जाती। बाबू जी पास से गुज़रते तो उसे जगाने और उठाने की ज़रा भी कोशिश न करते, बल्कि मौक़ा पाकर उसकी शलवार को, जो बहू धोती से बदल आती और जिसे वह हमेशा अपनी सासवाले पुराने संदल के संदूक़ पर फेंक देती, उठाकर खूँटी पर लटका देते। ऐसे में उन्हें सबसे नज़रें बचानी पड़तीं। लेकिन अभी शलवार को समेटकर मुड़ते, तो निगाह नीचे कोने में बहू के महरम (अनुचित स्थान) पर जा पड़ती। तब उनकी हिम्मत जवाब दे जाती और वह यूँ शिताबी (शीघ्रता से) कमरे से निकल भागते, जैसे कहीं साँप का बच्चा बिल से बाहर आ गया हो। फिर बरामदे में उनकी आवाज़ सुनाई देती : 'ओम नमो भगवते वासुदेवा···'

अड़ोस-पड़ोस की औरतों ने बाबू जी की बहू की ख़ूबसरूती की दास्तानें दूर-दूर तक पहुँचा दी थीं। जब कोई औरत बाबू जी के सामने बहू के प्यारेपन और सुडौल जिस्म की बातें करती तो वह ख़ुशी से फूल जाते और कहते : ''हम तो धन्य हो गए, अमीचंद की माँ! शुक्र है हमारे घर में भी कोई सेहतवाला जीव आया।'' और यह कहते हुए उनकी निगाहें कहीं दूर पहुँच जातीं, जहाँ दिक़ के आरज़े थे। दवाई की शीशियाँ, अस्पताल की सीढ़ियाँ या च्यूँटियों के बिल। निगाह क़रीब आती तो उन्हें मोटे-मोटे गदराए हुए जिस्मवाले कई बच्चे बग़ल में, जाँघ पर, गर्दन पर चढ़ते-उतरते हुए महसूस होते और ऐसा मालूम होता, जैसे अभी और आ रहे हैं। पहलू पर लेटी हुई बहू की कमर ज़मीन के साथ और कूल्हे छत के साथ लग रहे हैं और वह धड़ाधड़ बच्चे जनती जा रही है और उन बच्चों की उम्र में कोई फ़र्क़ नहीं। कोई बड़ा है न छोटा। सभी एक-से जुड़वाँ : ओम नमो भगवते···

आसपास के लोग सब जान गए थे, इंदु बाबू जी की चहेती बहू है। चुनाँचे दूध और छाछ के मटके धनीराम के घर आने लगे और फिर एक दिन सलामदीन गूजर ने फ़रमाइश कर दी। इंदु से कहा : ''बीबी! मेरा बेटा आर. एम. एस. में कुली रखवा दो, अल्ला तुमको अजर देगा।'' इंदु के इशारे की देर थी कि सलामदीन का बेटा नौकर हो गया, वह भी सार्टर···जो न हो सका उसकी

क़िस्मत। असामियाँ ही ज़्यादा न थीं।

बहू के खाने-पीने और उसकी सेहत का बाबू जी ख़ास ख़याल रखते थे। दूध पीने से इंदु को चिढ़ थी। वह रात के वक़्त ख़ुद दूध को बाटी में फेंट गिलास में डाल बहू को पिलाने के लिए उसकी खटिया के पास आ जाते। इंदु अपने-आपको समेटते हुए उठती और कहती : "नहीं बाबू जी ! मुझसे नहीं पिया जाता।"

"तेरा तो ससुर भी पिएगा।" वह मज़ाक़ से कहते।

"तो फिर आप पी लीजिएगा।" इंदु हँसती हुई जवाब देती और बाबू जी एक मनसूई ग़ुस्से से बरस पड़ते : "तू चाहती है बाद में तेरी भी वही हालत हो जो तेरी सास की हुई ?"

"हूँ···हूँ···" इंदु लाड़ से रूठने लगती। आख़िर क्यों न रूठती? वही लोग नहीं रूठते जिन्हें मनानेवाला कोई न हो। लेकिन यहाँ तो मनानेवाले सब थे, रूठनेवाला सिर्फ़ एक। जब इंदु बाबू जी के हाथ से गिलास न लेती तो वह उसे खटिया के पास सिरहाने के नीचे रख देते··· और "ले यह पड़ा है—तेरी मर्ज़ी है पी, नहीं मर्ज़ी तो न पी।" कहते हुए चल देते।

अपने बिस्तर पर पहुँचकर धनीराम, दुलारी मुन्नी के साथ खेलने लगते। दुलारी की बाबू जी के नंगे पिंडे के साथ पिंडा घिसाने और पेट पर मुँह रखकर फटकड़ा फुलाने की आदत थी। आज जब बाबू जी और मुन्नी यह खेल खेल रहे थे, हँस-हँसा रहे थे तो मुन्नी ने भाभी की तरफ़ देखते हुए कहा : "दूध तो ख़राब हो जाएगा बाबू जी, भाभी तो पीती ही नहीं।"

"पिएगी, ज़रूर पिएगी बेटा," बाबू जी ने दूसरे हाथ से पाशी को लिपटाते हुए कहा : "औरतें घर की किसी चीज़ को ख़राब होते नहीं देख सकतीं।" अभी यह फ़िक़रा बाबू जी के मुँह ही में होता कि एक तरफ़ से "हश, है ख़समखानी" की आवाज़ आने लगती। पता चलता, बहू बिल्ली को भगा रही है··· और फिर कोई ग़टग़ट-सी आवाज़ सुनाई देती और सब जान लेते, बहू भाभी ने दूध पी लिया। कुछ देर बाद कुंदन बाबू जी के पास आता और कहता : "बोजी, भाभी रो रही है।"

"हाएँ ?" बाबू जी कहते और फिर उठकर अँधेरे में दूर उसी तरफ़ देखने लगते जिधर बहू की चारपाई पड़ी होती। कुछ देर यूँही बैठे रहने के बाद वह फिर लेट जाते और कुछ समझते हुए कुंदन से कहते : "जा··· तू सो जा, वह भी सो जाएगी अपने आप।"

और फिर से लेटते हुए बाबू धनीराम आसमान पर खिले हुए परमात्मा के गुलज़ार को देखने लगते और अपने मन के भगवान से पूछते : 'चाँदी के इन खुलते, बंद होते हुए फूलों में मेरा फूल कहाँ है ?' और फिर पूरा आसमान उन्हें दर्द का एक दरिया दिखाई देने लगता और कानों में एक मुसलसल हा व हू की आवाज़ सुनाई देती जिसे सुनते हुए वह कहते : 'जब से दुनिया बनी है इन्सान कितना रोया है !' और वह रोते-रोते सो जाते।

इंदु के जाने के बीस-पच्चीस रोज़ ही में मदन ने वावेला शुरू कर दिया। उसने लिखा : 'मैं बाज़ार की रोटियाँ खाते-खाते तंग आ गया हूँ, मुझे क़ब्ज़ हो गया है, गुर्दे का दर्द शुरू हो गया है।' फिर जैसे दफ़्तर के लोग छुट्टी की अर्ज़ी के साथ डॉक्टर का सर्टीफिकेट भेज देते हैं; मदन ने बाबू जी के एक दोस्त से तस्दीक़ की हुई चिट्ठी लिखवा भेजी। उस पर भी जब कुछ न हुआ तो एक डबल तार, जवाबी।

जवाबी तार के पैसे मारे गए लेकिन बला से। इंदु और बच्चे लौट आए थे। मदन ने इंदु से दो दिन सीधे मुँह बात ही न की। यह दुख भी इंदु ही का था... एक दिन मदन को अकेले में पाकर वह पकड़ बैठी और बोली : "इतना मुँह फुलाए बैठे हो, मैंने क्या किया है ?"

मदन ने अपने-आप को छुड़ाते हुए कहा : "छोड़ो, दूर हो जा मेरी आँखों से—कमीनी !"

"यही कहने के लिए इतनी दूर से बुलवाया है ?"

"हाँ !"

"हटाओ अब।"

"ख़बरदार ! यह सब तुम्हारा किया-धरा है। तुम जो आना चाहतीं तो क्या बाबू जी रोक लेते ?"

इंदु ने बेबसी से कहा : "हाय जी, तुम तो बच्चों की-सी बातें करते हो। मैं भला उन्हें कैसे कह सकती थी ? सच पूछो तो तुमने मुझे बुलवाकर बाबू जी पर बड़ा ज़ुल्म किया है।"

"क्या मतलब ?"

"मतलब कुछ नहीं, उनका जी बहुत लगा हुआ था बाल-बच्चों में।"

"और मेरा जी ?"

"तुम्हारा जी ? तुम तो कहीं भी लगा सकते हो !" इंदु ने शरारत से कहा, और कुछ इस तरह मदन की तरफ़ देखा कि उसकी मुदाफ़अत (बचत) की सारी क़ूव्वतें ख़त्म हो गईं। यूँ भी उसे किसी अच्छे बहाने की तलाश थी। उसने इंदु को पकड़कर अपने सीने से लगा लिया और बोला : "बाबू जी तुमसे बहुत खुश थे ?"

"हाँ !" इंदु बोली : "एक दिन मैं जागी तो देखा सिरहाने खड़े मुझे देख रहे हैं !"

"यह नही हो सकता।"

"अपनी क़सम !"

"अपनी नहीं, मेरी क़सम खाओ।"

"तुम्हारी क़सम तो मैं न खाती, कोई कुछ भी दे।"

"हाँ !" मदन ने सोचते हुए कहा : "किताबों में इसे सैक्स कहते हैं।"

"सैक्स ?" इंदु ने पूछा : "वह क्या होता है ?"

"वही जो मर्द और औरत के बीच होता है।"

"हाय राम !" इंदु ने एकदम पीछे हटते हुए कहा : "गंदे कहीं के ! शर्म नहीं आती बाबू जी के बारे में ऐसा सोचते हुए ?"

"बाबू जी को शर्म न आई तुम्हें देखते हुए ?"

"क्यों ?" इंदु ने बाबू जी की तरफ़दारी करते हुए कहा : "वह अपनी बहू को देखकर खुश हो रहे होंगे।"

"क्यों नहीं ! जब बहू तुम-ऐसी हो।"

"तुम्हारा मन गंदा है," इंदु ने नफ़रत से कहा : "इसीलिए तो तुम्हारा कारोबार भी गंदे बिरोजे का है। तुम्हारी किताबें सब गंदगी से भरी पड़ी हैं। तुम्हें और तुम्हारी किताबों को इसके सिवा कुछ दिखाई नहीं देता। ऐसे तो जब मैं बड़ी हो गई थी तो मेरे पिता जी ने मुझसे अधिक प्यार करना शुरू कर दिया था तो क्या वह भी—वह था निगोड़ा—जिसका तुम अभी नाम ले रहे थे ?" और फिर इंदु बोली : "बाबू जी को यहाँ बुला लो। उनका वहाँ जी भी नहीं लगता। वह दुखी होंगे तो क्या तुम दुखी नहीं होगे ?"

मदन अपने बाप से बहुत प्यार करता था। उसे अच्छी तरह से याद था—माँ के बीमार रहने के बायस जब भी उसकी मौत का ख़याल मदन के दिल में आता तो वह आँखें मूँदकर प्रार्थना शुरू कर देता : 'ओम नमो भगवते वासुदेवा... ओम नमो...' अब वह नहीं चाहता था कि बाप की छत्रछाया भी सिर से उठ जाए।

ख़ासतौर पर ऐसे में जबकि वह अपने कारोबार को भी जमा नहीं पाया था। उसने गैरयक़ीनी लहजे में इंदु से सिर्फ इतना कहा : ''अभी रहने दो बाबू जी को। शादी के बाद हम दोनों पहली बार आज़ादी के साथ मिल सके हैं।''

तीसरे-चौथे रोज़ बाबू जी का आँसुओं में डूबा हुआ ख़त आया। मेरे प्यारे मदन के तख़ातुब में 'मेरे प्यारे' के अल्फ़ाज़ शोरे-पानी में धुल गए थे। लिखा था :

'बहू के यहाँ होने पर मेरे तो वही पुराने दिन लौट आए थे—तुम्हारी माँ के दिन। जब हमारी नई-नई शादी हुई थी, तो वह भी ऐसी ही अल्हड़ थी। ऐसे ही उतारे हुए कपड़े इधर-उधर फेंक देती और पिता जी समेटते फिरते। वही संदल का संदूक, वही बीसियों ख़लजगन—मैं बाज़ार जा रहा हूँ, कुछ नहीं तो दही-बड़े या रबड़ी ला रहा हूँ। अब घर में कोई नहीं। वह जगह, जहाँ संदल का संदूक पड़ा था, ख़ाली है…'

और फिर एक-आध सतर और धुल गई थो। आख़िर में लिखा था :

'दफ़्तर से लौटते समय यहाँ के बड़े-बड़े अंधे कमरों में दाख़िल होते हुए मेरे मन में एक हौल-सा उठता है'—

और फिर :

'बहू का ख़याल रखना। उसे किसी ऐसी-वैसी दाया के हवाले मत करना।'

इंदु ने दोनों हाथों से चिट्ठी पकड़ ली, साँस खींची, आँखें फैलाती, शर्म से पानी-पानी होते हुए बोली : ''मैं मर गई, बाबू जी को कैसे पता चल गया ?''

मदन ने चिट्ठी छुड़ाते हुए कहा : ''बाबू जी क्या बच्चे हैं ? दुनिया देखी है, हमें पैदा किया है।''

''हाँ, मगर,'' इंदु बोली : ''अभी दिन ही कै हुए हैं ?''

और फिर उसने एक तेज़-सी नज़र अपने पेट पर डाली जिसने अभी बढ़ना भी नहीं शुरू किया था और फिर जैसे बाबूजी जी या कोई और देख रहा हो, उसने साड़ी का पल्लू उस पर खींच लिया और कुछ सोचने लगी। जभी एक चमक-सी उसके चेहरे पर आई और वह बोली : ''तुम्हारी ससुराल से शीरीनी आएगी।''

''मेरी ससुराल ?… ओ हाँ।'' मदन ने रास्ता पाते हुए कहा : ''कितनी शर्म

की बात है। अभी छः-आठ महीने शादी को हुए हैं और चला आया है।" और उसने इंदु के पेट की तरफ़ इशारा किया।

"चला आया है या तुम लाए हो?"

"तुम⋯यह सब क़ुसूर तुम्हारा है। कुछ औरतें होती ही ऐसी हैं।"

"तुम्हें पसंद नहीं।"

"एकदम नहीं।"

"क्यों?"

"चार दिन तो मज़े ले लेते ज़िंदगी के।"

"क्या यह ज़िंदगी का मज़ा नहीं?" इंदु ने सदमाज़दा लहजे में कहा : "मर्द-औरत शादी किसलिए करते हैं? भगवान ने बिन माँगे दे दिया ना? पूछो उनसे जिनके नहीं होता। फिर वह क्या कुछ करती हैं? पीरों-फ़कीरों के पास जाती हैं। समाधियों, मजारों पर चोटियाँ बाँधती, शर्म-हया को तजकर, दरियाओं के किनारे नंगी होकर सरकंडे काटती, शमशानों में मसान जगाती⋯"

"अच्छा! अच्छा!" मदन बोला : "तुमने तो बखान ही शुरू कर दिया। औलाद के लिए थोड़ी उम्र पड़ी थी?"

"होगा तो," इंदु ने सरज़निश (बुरा-भला कहने) के अंदाज़ में उँगली उठाते हुए कहा : "जब तुम उसे हाथ भी मत लगाना। वह तुम्हारा नहीं मेरा होगा। तुम्हें तो इसकी ज़रूरत नहीं पर उसके दादा को बहुत है—यह मैं जानती हूँ।"

और फिर कुछ ख़जल, कुछ सदमाज़दा होकर इंदु ने अपना मुँह दोनों हाथों में छुपा लिया। वह सोचती थी, पेट में इस नन्हीं-सी जान को पा लेने के सिलसिले में इस जान का होता-सोता थोड़ी-बहुत हमदर्दी तो करेगा ही। लेकिन मदन चुपचाप बैठा रहा। एक लफ़्ज़ भी उसने मुँह से न निकाला। इंदु ने चेहरे पर से हाथ उठाकर मदन की तरफ़ देखा और होनेवाली पहलोटन के ख़ास अंदाज़ में बोली : "वह तो जो कुछ मैं कह रही हूँ सब पीछे होगा, पहले तो मैं बचूँगी ही नहीं⋯मुझे बचपन ही से वहम है इस बात का।"

मदन जैसे ख़ायफ़ हो गया। यह 'ख़ूबसूरत चीज़' जो हामला होने के बाद और भी ख़ूबसूरत हो गई है, मर जाएगी? उसने पीठ की तरफ़ से इंदु को थाम लिया और फिर खींचकर अपने बाज़ुओं में ले आया और बोला : "तुझे कुछ न होगा इंदु। मैं तो मौत के मुँह से भी छीन के ले आऊँगा तुझे—अब सावित्री की

नहीं, सत्यवान की बारी है...''

मदन से लिपटकर इंदु भूल ही गई कि उसका अपना भी कोई दुख है।

उसके बाद बाबू जी ने कुछ न लिखा, अलबत्ता सहारनपुर से एक सार्टर आया जिसने सिर्फ़ इतना बताया कि बाबू जी को फिर से दौरे पड़ने लगे हैं। एक दौरे में तो वह क़रीब-क़रीब चल ही बसे थे। मदन डर गया, इंदु रोने लगी। सार्टर के चले जाने के बाद हमेशा की तरह मदन ने आँखें मूँद लीं और मन ही मन में पढ़ने लगा : 'ओम नमो भगवते...'

दूसरे ही रोज़ मदन ने बाप को चिट्ठी लिखी :

'बाबू जी ! चले आओ, बच्चे बहुत याद करते हैं और आपकी बहू भी...'

लेकिन आख़िर नौकरी थी। अपने बस की बात थोड़ी थी। धनीराम के ख़त के मुताबिक़ वह छुट्टी का बंदोबस्त कर रहे थे... उनके बारे में दिन ब दिन मदन का अहसासे-जुर्म बढ़ने लगा : 'अगर मैं इंदु को वहीं रहने देता तो मेरा क्या बिगड़ जाता ?'

विजयदशमी से एक रात पहले मदन इज़्तिराब (बेचैनी) के आलम में बीचवाले कमरे के बाहर बरामदे में टहल रहा था कि अंदर से बच्चे के रोने की आवाज़ आई और वह चौंककर दरवाज़े की तरफ़ लपका। बेगम दाया बाहर आई और बोली : ''मुबारक हो बाबू जी, लड़का हुआ है।''

''लड़का ?'' मदन ने कहा और फिर मुतफ़क्किराना लहजे में बोला : ''बीवी कैसी है ?''

बेगम बोली : ''ख़ैर महर है, मैंने अभी तक उसे लड़की ही बताई है—ज़च्चा ज़्यादा ख़ुश हो जाए तो उसकी आँवल नहीं गिरती ना ?''

''ओ...'' मदन ने बेवक़ूफ़ों की तरह आँखें झपकते हुए कहा और फिर कमरे में जाने के लिए आगे बढ़ा। बेगम ने उसे वहीं रोक दिया और कहने लगी : ''तुम्हारा अंदर क्या काम ?'' और फिर एकाएकी दरवाज़ा भेड़कर अंदर लपक गई।

मदन की टाँगें अभी तक काँप रही थीं। उस वक़्त ख़ौफ़ से नहीं, तसल्ली से या शायद इसलिए कि जब कोई इस दुनिया में आता है तो इर्द-गिर्द के लोगों की यही हालत होती है। मदन ने सुन रखा था, जब लड़का पैदा होता है तो घर के

दरो-दीवार लरज़ने लगते हैं। गोया डर रहे हैं कि बड़ा होकर हमें बेचेगा या रखेगा। मदन ने महसूस किया, जैसे सचमुच ही दीवारें काँप रही थीं··· ज़चगी के लिए चिकली भाभी तो न आई थी क्योंकि उसका अपना बच्चा बहुत छोटा था, अलबत्ता दरिया आबादवाली फूफी ज़रूर पहुँची थी, जिसने पैदाइश के वक़्त राम-राम-राम-राम की रट लगा दी थी और अब वही रट मद्धम हो रही थी···

ज़िंदगी-भर मदन को अपना आप इतना फ़िज़ूल और बेकार न लगा था। इतने में फिर दरवाज़ा खुला और फूफी निकली। बरामदे की बिजली की मद्धम-सी रोशनी में उसका चेहरा भूत के चेहरे की तरह एकदम दूधिया सफ़ेद नज़र आ रहा था। मदन ने उसका रास्ता रोकते हुए कहा :

''इंदु ठीक है न फूफी ?''

''ठीक है, ठीक है, ठीक··· ।'' फूफी ने तीन-चार बार कहा और फिर अपना लरज़ता हुआ हाथ मदन के सिर पर रखकर उसे नीचा किया, चूमा और बाहर लपक गई।

फूफी बरामदे के दरवाज़े में से बाहर जाती हुई नज़र आ रही थी। वह बैठक में पहुँची, जहाँ बाकी बच्चे सो रहे थे। फूफी ने एक-एक करके सबके सिर पर प्यार से हाथ फेरा और फिर छत की तरफ़ आँखें उठाकर मुँह में कुछ बोली और फिर निढाल-सी होकर मुन्नी के पास लेट गई—औंधी। उसके फड़कते हुए शानों (कंधों) से पता चल रहा था जैसे रो रही है। मदन हैरान हुआ ! फूफी तो कई ज़चगियों से गुज़र चुकी है, फिर क्यों उसकी रूह तक काँप उठी है··· ?

फिर उधर के कमरे से हरमल की बू बाहर लपकी। धुएँ का एक ग़ुबार-सा आया, जिसने मदन का अहाता भर दिया। उसका सिर चकरा गया। जभी बेगम दाया कपड़े में कुछ लपेटे हुए बाहर निकली। कपड़े पर ख़ून ही ख़ून था, जिसमें से कुछ क़तरे निकलकर फ़र्श पर गिर गए। मदन के होश उड़ गए। उसे मालूम न था कि वह कहाँ है ! आँखें खुली थीं, पर कुछ दिखाई न दे रहा था। बीच में इंदु की एक मरघिल्ली-सी आवाज़ आई : ''हा-ए···'' और फिर बच्चे के रोने की आवाज़···

तीन-चार दिन में बहुत कुछ हुआ। मदन ने घर के एक तरफ़ गढ़ा खोदकर आँवल को दबाया। कुत्तों को अंदर आने से रोका। लेकिन उसे कुछ याद न था। उसे यूँ लगा, जैसे हरमल की बू दिमाग़ में बस जाने के बाद आज ही उसे होश आया है। कमरे में वह अकेला ही था और इंदु—नंद और जसोदा—और दूसरी तरफ़ नंदलाल—इंदु ने बच्चे की तरफ़ देखा और कुछ टोह लेने के-से अंदाज़ में

बोली : ''बिल्कुल तुम ही पर गया है !''

''होगा,'' मदन ने एक उचटती-सी नज़र बच्चे पर डालते हुए कहा : ''मैं तो कहता हूँ शुक्र है भगवान का, तुम बच गईं।''

''हाँ !'' इंदु बोली : ''मैं तो समझती थी''

''शुभ-शुभ बोलो।'' मदन ने एकदम इंदु की बात काटते हुए कहा : ''यहाँ तो जो कुछ हुआ है—मैं तो अब तुम्हारे पास भी नहीं फटकूँगा।'' और मदन ने ज़बान दाँतों तले दबा ली।

''तौबा करो।'' इंदु बोली।

मदन ने उसी दम कान अपने हाथों से पकड़ लिए और इंदु नहीफ़-सी आवाज़ में हँसने लगी।

बच्चा पैदा होने के बाद कई रोज़ तक इंदु की नाफ़ ठिकाने पर न आई। वह घूम-घूमकर उस बच्चे को तलाश कर रही थी, जो अब उससे परे बाहर की दुनिया में जाकर अपनी असली माँ को भूल गया था।

अब सबकुछ ठीक था और इंदु शांति से उस दुनिया को तक रही थी। मालूम होता था उसने मदन ही के नहीं, दुनिया-भर के गुनाहगारों के गुनाह माफ़ कर दिए हैं और अब देवी बनकर दया और करुणा के प्रसाद बाँट रही है''मदन ने इंदु के मुँह की तरफ़ देखा और सोचने लगा—इस सारे ख़ून-ख़राबे के बाद कुछ दुबली होकर इंदु और भी अच्छी लगने लगी है''जभी एकाएकी इंदु ने दोनों हाथ अपनी छातियों पर रख लिए।

''क्या हुआ ?'' मदन ने पूछा।

''कुछ नहीं,'' इंदु थोड़ा-सा उठने की कोशिश करके बोली : ''इसे भूख लगी है।'' और उसने बच्चे की तरफ़ इशारा किया।

''इसे ?''भूख ?''' मदन ने पहले बच्चे की तरफ़ और फिर इंदु की तरफ़ देखते हुए कहा : ''तुम्हें कैसे पता चला ?''

''देखते नहीं !'' इंदु नीचे की तरफ़ निगाह करते हुए बोली : ''सब गीला हो गया है !''

मदन ने ग़ौर से इंदु के ढीले-ढाले दगले की तरफ़ देखा। झर-झर दूध बह रहा था और एक ख़ास क़िस्म की बू आ रही थी। फिर इंदु ने बच्चे की तरफ़ हाथ बढ़ाते हुए कहा : ''इसे मुझे दे दो।''

मदन ने हाथ पंगोड़े की तरफ़ बढ़ाया और उसी दम खींच लिया। फिर कुछ हिम्मत से काम लेते हुए उसने बच्चे को यूँ उठाया, जैसे वह मरा हुआ चूहा हो।

आख़िर उसने बच्चे को इंदु की गोद में दे दिया। इंदु मदन की तरफ़ देखते हुए बोली : "तुम जाओ···बाहर···"

"क्यों?··· बाहर क्यों जाऊँ?" मदन ने पूछा।

"जाओ ना···" इंदु ने कुछ मचलते, कुछ शरमाते हुए कहा : "तुम्हारे सामने मैं दूध नहीं पिला सकूँगी।"

"अरे!" मदन हैरत से बोला : "मेरे सामने···नहीं पिला सकेगी!" और फिर नासमझी के अंदाज़ में सिर को झटका देकर बाहर की तरफ़ चल निकला। दरवाज़े के पास पहुँचकर मुड़ते हुए उसने इंदु पर एक निगाह डाली···इतनी ख़ूबसूरत इंदु आज तक न लगी थी!

बाबू धनीराम छुट्टी पर घर लौटे तो वह पहले से आधे दिखाई पड़ते थे। जब इंदु ने पोता उनकी गोद में दिया तो वह खिल उठे। उनके पेट के अंदर कोई फोड़ा निकल आया था, जो चौबीस घंटे उन्हें सूली पर लटकाए रखता। अगर मुन्ना न होता तो बाबू जी की इससे दस गुना बुरी हालत होती।

कई इलाज किए गए। बाबू जी के आख़िरी इलाज में डॉक्टर ने अधन्नी के बराबर गोली पंद्रह-बीस की तादाद में रोज़ खाने को दीं। पहले ही दिन उन्हें इतना पसीना आया कि दिन में तीन-तीन, चार-चार बार कपड़े बदलने पड़े। हर बार मदन कपड़े उतारकर बाल्टी में निचोड़ता। सिर्फ पसीने ही से बाल्टी एक चौथाई हो गई थी। रात को उन्हें मतली-सी होने लगी और उन्होंने पुकारा :

"बहू! ज़रा दातून तो देना, ज़ायका बहुत ख़राब हो रहा है।" बहू भागी हुई गई और दातून ले आई। बाबू जी उठकर दातून चबा ही रहे थे कि उबकाई क्या आई, साथ ही ख़ून का परनाला ले आई। बेटे ने वापस सिरहाने क़ी तरफ़ लिटाया तो पुतलियाँ फिर चुकी थीं और कोई ही दम में वह ऊपर आसमान के गुलज़ार में पहुँच चुके थे, जहाँ उन्होंने अपना फूल पहचान लिया था।

मुन्ने को पैदा हुए कुल बीस-पच्चीस रोज़ हुए थे, इंदु ने मुँह नोच-नोचकर, सिर और छाती पीट-पीटकर ख़ुद को नीला कर लिया। मदन के सामने वही मंज़र था, जो उसने तसव्वुर में अपने मरने पर देखा था। फ़र्क़ सिर्फ़ इतना था कि इंदु ने चूड़ियाँ तोड़ने के बजाय उतार के रख दी थीं। सिर पर राख नहीं डाली थी, लेकिन ज़मीन पर से मिट्टी लग जाने और बालों के बिखर जाने से चेहरा भयानक हो गया था। 'लोगो! मैं लुट गई' की जगह उसने एक दिलदोज़

आवाज़ में चिल्लाना शुरू कर दिया था : ''लोगो ! हम लुट गए···''

घर-बार का कितना बोझ मदन पर आ पड़ा था, इसका अभी मदन को पूरी तरह से अंदाज़ा न था। सुबह होने तक उसका दिल लपककर मुँह में आ गया। वह शायद बच न पाता, अगर वह घर के बाहर बदरो के किनारे सील चढ़ी मिट्टी पर औंधा लेटकर अपने दिल को ठिकाने पर न लाता··· धरती माँ ने छाती से लगाकर अपने बच्चे को बचा लिया था। छोटे बच्चे कुंदन, दुलारी मुन्नी और पाशी यूँ चिल्ला रहे थे जैसे घोंसले पर शकरे के हमले पर चिड़िया के बोंट चोंचें उठा-उठाकर चीं-चीं करते हैं। उन्हें अगर कोई परों के नीचे समेटती थी तो इंदु···

नाली के किनारे पड़े-पड़े मदन ने सोचा, अब तो यह दुनिया मेरे लिए ख़त्म हो गई। क्या मैं जी सकूँगा ? ज़िंदगी में कभी हँस भी सकूँगा ? वह उठा और उठकर घर के अंदर चला आया।

सीढ़ियों के नीचे ग़ुस्लख़ाना था जिसमें घुसकर अंदर से किवाड़ बंद करते हुए मदन ने एक बार फिर इस सवाल को दोहराया, मैं कभी हँस भी सकूँगा ?··· और वह खिलखिलाकर हँस रहा था। हालाँकि उसके बाप की लाश अभी पास ही बैठक में पड़ी थी।

बाप को आग के हवाले करने से पहले मदन अर्थी पर पड़े हुए जिस्म के सामने डंडवत के अंदाज़ में लेट गया। यह उसका अपने जन्मदाता को आख़िरी प्रणाम था तिस पर भी वह रो न रहा था। उसकी यह हालत देखकर मातम में शरीक होनेवाले रिश्तेदार मुहल्लेवाले सन्न-से रह गए।

फिर हिंदू रिवाज के मुताबिक़ सबसे बड़ा बेटा होने की हैसियत से मदन को चिता जलानी पड़ी। जलती हुई खोपड़ी में कपाल-क्रिया की लाठी मारनी पड़ी··· औरतें बाहर ही से शमशान के कुएँ पर नहाकर घर लौट चुकी थीं। जब मदन घर पर पहुँचा तो वह काँप रहा था। धरती माँ ने थोड़ी देर के लिए जो ताक़त अपने बेटे को दी थी, रात के घिर आने पर फिर से हवस में ढल गई··· उसे कोई सहारा चाहिए था। किसी ऐसे जज़्बे का सहारा, जो मौत से भी बड़ा हो। उस वक़्त धरती माँ की बेटी, जनक दुलारी इंदु ने किसी घड़े में से पैदा होकर उस राम को अपनी बाँहों में ले लिया··· उस रात अगर इंदु अपना आपा यूँ मदन पर वार न देती तो इतना बड़ा दुख मदन को ले डूबता।

दस ही महीने के अंदर-अंदर इंदु का दूसरा बच्चा चला आया। बीवी को इस दोज़ख़ की आग में धकेलकर मदन ख़ुद अपना दुख भूल गया था। कभी-कभी उसे ख़याल आता, अगर मैं शादी के बाद बाबू जी के पास गई हुई इंदु को न बुला लेता तो शायद वह इतनी जल्दी न चल देते। लेकिन फिर वह बाप की मौत से पैदा होनेवाले ख़सारे को पूरा करने में लग जाता... कारोबार, जो पहले बेतवज्जही की वजह से बंद हो गया था, मजबूरन चल निकला।

इन दिनों बड़े बच्चे को मदन के पास छोड़कर, छोटे को छाती से लगाए इंदु मैके चली गई थी। पीछे मुन्ना तरह-तरह की ज़िद करता, जो कभी मानी जाती थी और कभी नहीं भी। मैके से इंदु का ख़त आया—

'मुझे यहाँ अपने बेटे के रोने की आवाज़ आ रही है, उसे कोई मारता तो नहीं...'

मदन को बड़ी हैरत हुई। एक जाहिल, अनपढ़ औरत—ऐसी बातें कैसे लिख सकती है? ...फिर उसने अपने आपसे पूछा: 'क्या यह भी कोई रटा हुआ फ़िक़रा है?'

साल गुज़र गए। पैसे कभी इतने न आए थे कि उनसे कुछ ऐश हो सके। लेकिन गुज़ारे के मुताबिक़ आमदनी ज़रूर हो जाती थी। दिक़्क़त उस वक़्त होती जब कोई बड़ा ख़र्च सामने आ जाता... कुंदन को दाख़ला दिलाना है, दुलारी मुन्नी का शगुन भिजवाना है। उस वक़्त मदन मुँह लटकाकर बैठ जाता और फिर इंदु एक तरफ़ से आती मुस्कराती हुई और कहती, "क्यों दुखी हो रहे हो?" मदन उसकी तरफ़ उम्मीद-भरी नज़रों से देखते हुए कहता: "दुखी न होऊँ? कुंदन को बी. ए. का दाख़ला दिलाना है... मुन्नी..." इंदु फिर हँसती और कहती... "चलो मेरे साथ।" और मदन भेड़ के बच्चे की तरह इंदु के पीछे चल देता। इंदु संदल के संदूक़ के पास पहुँचती, जिसे मदन समेत किसी को हाथ लगाने की इजाज़त न थी। कभी-कभी इस बात पर ख़फ़ा होकर मदन कहता; "मरोगी तो उसे भी छाती पर डालकर ले जाना।" और इंदु कहती; "हाँ ले जाऊँगी।" फिर इंदु वहाँ से मतलूबा (वांछित) रक़म निकालकर सामने रख देती।

"यह कहाँ से आ गए?"

"कहीं से भी आए... तुम्हें आम खाने से मतलब है कि..."

"फिर भी?"

"तुम जाओ अपना काम चलाओ।"

और जब मदन ज़्यादा इसरार करता तो इंदु कहती : ''मैंने एक सेठ दोस्त बनाया है ना !'' और फिर हँसने लगती। झूठ जानते हुए भी मदन को यह मज़ाक़ अच्छा न लगता। फिर इंदु कहती : ''मैं चोर-लुटेरा हूँ... तुम नहीं जानते ?... सख़ी (दानी) लुटेरा... जो एक हाथ से लूटता है और दूसरे हाथ से गरीब-गुरबा को दे देता है।''

इसी तरह मुन्नी की शादी हुई जिस पर ऐसी ही लूट के ज़ेवर बिके। क़र्ज़ा चढ़ा और फिर उतर भी गया।

ऐसे ही कुंदन भी ब्याहा गया। इन शादियों में इंदु ही हथभरा करती थी और माँ की जगह खड़ी हो जाती। आसमान से बाबू जी और माँ देखा करते और फूल बरसाते जो किसी को नज़र न आते। फिर ऐसा हुआ, ऊपर माँ जी और बाबू जी में झगड़ा चल गया। माँ ने बाबू जी से कहा; 'तुम बहू के हाथ की पकी खा आए हो, उसका सुख भी देखा है पर मैं नसीबो-जली ने कुछ भी नहीं देखा... और यह झगड़ा विष्णु, महेश और शिव तक पहुँचा। उन्होंने माँ के हक़ में फ़ैसला दिया... और यूँ माँ, मातृ लोक में आकर बहू की कोख में पड़ी... और इंदु के यहाँ एक बेटी पैदा हुई...

फिर इंदु ऐसी देवी भी न थी। जब कोई उसूल की बात होती तो नन्द, देवर तो क्या ख़ुद मदन से भी भिड़ जाती। मदन रास्तबाज़ी (ईमानदारी) की इस पुतली को ख़फ़ा होकर हरिश्चंद्र की बेटी कहा करता था। चूँकि इंदु की बातों में उलझाव होने के बावजूद सच्चाई और धर्म क़ायम रहते थे, इसलिए मदन और कुनबे के बाक़ी सब लोगों की आँखें इंदु के सामने नीचे ही रहती थीं। झगड़ा कितना भी बढ़ जाए, मदन अपने शौहरी ज़ोम में कितना भी इंदु की बात को रद्द कर दे, लेकिन आख़िर सभी सिर झुकाए हुए इंदु ही की शरण में आते थे और उसी से क्षमा माँगते थे।

नई भाभी आई। कहने को तो वह भी बीवी थी, लेकिन इंदु एक औरत थी जिसे बीवी कहते हैं। उसके उलट छोटी भाभी रानी एक बीवी थी जिसे औरत कहते हैं। रानी के कारण भाइयों में झगड़ा हुआ और जे. पी. चाचा की मार्फ़त तक़सीम हुई, जिसमें माँ-बाप की जायदाद तो एक तरफ़, इंदु की अपनी बनाई हुई चीज़ें भी तक़सीम की ज़द में आ गईं और इंदु कलेजा मसोसकर रह गई।

जहाँ सबकुछ मिल जाने के बाद और अलग होकर भी कुंदन और रानी ठीक से नहीं बस सके थे, वहाँ इंदु का अपना घर यूँ ही जगमग करने लगा।

बच्ची की पैदाइश के बाद इंदु की सेहत वह न रही। बच्ची हर वक़्त इंदु की

छातियों में चिमटी रहती थी। जहाँ सभी गोश्त के इस लोथड़े पर थू-थू करते थे वहाँ एक इंदु थी जो उसे कलेजे से लगाए फिरती, लेकिन कभी ख़ुद भी परेशान हो उठती और बच्ची को सामने झिलंगे में फेंकते हुए कह उठती: "तू मुझे जीने भी देगी... माँ!"...और बच्ची चिल्ला-चिल्लाकर रोने लगती।

मदन इंदु से कटने लगा। शादी से लेकर इस वक़्त तक उसे वह औरत न मिली थी जिसका वह मुतलाशी था। गंदा बिरोज़ा बिकने लगा और मदन ने बहुत-सा रुपया इंदु से बाला ही बाला ख़र्च करना शुरू कर दिया। बाबू जी के चले जाने पर कोई पूछनेवाला भी तो न था। पूरी आज़ादी थी।

गोया पड़ोसी सिबते की भैंस फिर मदन के मुँह के पास फुँकारने लगी, बार-बार फुँकारने लगी। शादी की रातवाली भैंस तो बिक चुकी थी, लेकिन उसका मालिक ज़िंदा था। मदन उसके साथ ऐसी जगहों पर जाने लगा, जहाँ रोशनी और साये अजीब बे-क़ायदा-सी शक्लें बनाते हैं। नुक्कड़ पर कभी अँधेरे की तिकोन बनती है, कि ऊपर खट से रोशनी की एक चौकोर आकर उसे काट देती है। कोई तस्वीर पूरी नहीं बनती। मालूम होता है, बग़ल से एक पाजामा निकला और आसमान की तरफ़ उड़ गया। किसी कोट ने देखनेवाले का मुँह पूरी तरह से ढाँप लिया और कोई साँस के लिए तड़पने लगा। जभी रोशनी की चौकोर एक चौखटा-सी बन गई और उसमें एक सूरत आकर खड़ी हो गई। देखनेवाले ने हाथ बढ़ाया तो वह आरपार चला गया और वहाँ कुछ भी न था। पीछे कोई कुत्ता रोने लगा, ऊपर तबल (ढोल) ने उसकी आवाज़ डुबो दी

मदन को उसके तसव्वुर के ख़ट्टोख़ाल मिले। लेकिन हर जगह ऐसा मालूम हो रहा था जैसे आर्टिस्ट से एक ग़लत ख़त लग गया। या हँसी की आवाज़ ज़रूरत से ज़्यादा बुलंद थी और मदन बेदाग़ सन्नाई और मुतवाज़िन हँसी की तलाश में खो गया।

सिब्ते ने उस वक़्त अपनी बीवी से बात की, जब उसकी बेगम ने मदन को मिसाली शौहर की हैसियत से सिब्ते के सामने पेश किया; पेश ही नहीं किया बल्कि मुँह पर मारा। उसको उठाकर सिब्ते ने बेगम के मुँह पर दे मारा। मालूम होता था किसी ख़ूनी तरबूज़ का गूदा है जिसके रगो-रेशे बेगम की नाक, उसकी आँखों और कानों पर लगे हुए हैं। करोड़-करोड़ गाली बकती हुई बेगम ने हाफ़िज़े (स्मृति) की टोकरी में से गूदा और बीज उठाए और इंदु के साफ़-सुथरे सेहन में बिखेर दिए।

एक इंदु की बजाय दो इंदु हो गईं, एक तो इंदु ख़ुद थी और दूसरी एक काँपता हुआ ख़त जो इंदु के पूरे जिस्म का अहाता किए हुए था और जो नज़र नहीं आ रहा था।

मदन कहीं जाता भी था तो घर से होकर—नहा-धो, अच्छे कपड़े पहन, मगही की एक जोड़ी जिसमें ख़ुशबूदार क़िवाम लगा हुआ, मुँह में रखकर। लेकिन उस दिन जो मदन घर आया तो इंदु की शक्ल ही दूसरी थी। उसने चेहरे पर पौडर थोप रखा था। गालों पर रूज़ लगा रखी थी। लिपस्टिक के न होने पर होंठ माथे की बिंदी से रँग लिए थे और बाल कुछ इस तरीक़े से बनाए थे कि मदन की नज़रें उनमें उलझ के रह गईं।

"क्या बात है आज?" मदन ने हैरान होकर पूछा।

"कुछ नहीं," इंदु ने मदन से नज़रें बचाते हुए का : "आज फ़ुर्सत मिली है।"

शादी के पंद्रह बरस गुज़र जाने के बाद इंदु को आज फ़ुर्सत मिली थी! और वह भी इस वक़्त जबकि चेहरे पर झाइयाँ चली आई थीं, नाक पर एक सियाह-सी काठी बन गई थी और ब्लाउज़ के नीचे, नंगे पेट के पास कमर पर चरबी की दो-तीन तहें दिखाई देने लगी थीं। आज इंदु ने ऐसा बंदोबस्त किया था कि इन उयूब (ऐबों) में से एक भी चीज़ नज़र न आती थी। यूँ बनी-ठनी, कसी-कसाई वह बेहद हसीन लग रही थी : 'यह नहीं हो सकता।' मदन ने सोचा और उसे एक धक्का-सा लगा। उसने फिर एक बार मुड़कर इंदु की तरफ़ देखा··· जैसे घोड़ों के व्यापारी किसी नामी घोड़ी की तरफ़ देखते हैं। वहाँ घोड़ी भी थी और लाल लगाम भी··· यहाँ जो ग़लत ख़त लगे थे, शराबी की आँखों को न दिख सके··· इंदु सचमुच ख़ूबसूरत थी। आज भी पंद्रह साल के बाद फूलाँ, रशीदा, मिसेज़ राबर्ट और उनकी बहनें उसके सामने पानी भरती थीं··· फिर मदन को रहम आने लगा और एक डर!

आसमान पर कोई ख़ास बादल भी न थे, लेकिन पानी पड़ना शुरू हो गया। घर की गंगा तुग़यानी (जलप्लावन) पर थी और उसका पानी किनारों से निकल-निकलकर पूरी तराई और उसके आसपास बसनेवाले गाँवों और क़स्बों को अपनी लपेट में ले रहा था। ऐसा मालूम होता था, इसी रफ़्तार से पानी बहता रहा तो उसमें कैलाश परबत भी डूब जाएगा··· इधर बच्ची रोने लगी। ऐसा रोना जो वह आज तक न रोई थी।

मदन ने उसकी आवाज़ सुनकर आँखें बंद कर लीं। खोलीं तो बच्ची सामने

खड़ी थी। जवान औरत बनकर। नहीं-नहीं, वह इंदु थी। अपनी माँ की बेटी, अपनी बेटी की माँ; जो अपनी आँखों के दंबाले (पीछे) से मुस्कराई और होंठों के कोने से देखने लगी।

इसी कमरे में जहाँ एक दिन हरमल की धूनी ने मदन को चकरा दिया था, आज ख़स की ख़ुशबू ने बौखला दिया। हल्की तेज़ बारिश से ज़्यादा ख़तरनाक होती है, इसलिए बाहर का पानी ऊपर किसी कड़ी में से टपकता हुआ इंदु और मदन के बीच टपकने लगा··· लेकिन मदन तो शराबी हो रहा था। इस नशे में उसकी आँखें सिमटने लगीं और तनफ़्फ़ुस (श्वाँस) तेज़ होकर इंसान का तनफ़्फ़ुस न रहा।

"इंदु···" मदन ने कहा और उसकी आवाज़ शादी की रातवाली आवाज़ से दो सुर ऊपर थी··· और इंदु ने परे देखते हुए कहा : "जी"—और उसकी आवाज़ दो सुर नीची थी··· फिर आज चाँदनी की बजाय अमावस थी···

इससे पहले कि मदन इंदु की तरफ़ हाथ बढ़ाता, इंदु ख़ुद ही मदन से लिपट गई। फिर मदन ने हाथ से इंदु की ठोड़ी ऊपर उठाई और देखने लगा, उसने क्या खोया, क्या पाया है? इंदु ने एक नज़र मदन के सियाह होते हुए चेहरे की तरफ़ फेंकी और फिर आँखें बंद कर लीं।

"यह क्या?" मदन ने चौंकते हुए कहा : "तुम्हारी आँखें सूजी हुई हैं!"

"यूँ ही," इंदु ने कहा और बच्ची की तरफ़ इशारा करते हुए बोली, "रात-भर जगाया है इस चुड़ैल मैया ने।"

बच्ची अब तक ख़ामोश हो चुकी थी। गोया दम साधे देख रही थी, अब क्या होनेवाला है? आसमान से पानी पड़ना बंद हो गया था। मदन ने फिर ग़ौर से इंदु की आँखों की तरफ़ देखते हुए कहा : "हाँ, मगर··· यह आँसू?"

"ख़ुशी के हैं।" इंदु ने जवाब दिया : "आज की रात मेरी है।" और फिर अजीब-सी हँसी हँसती हुई वह मदन से चिमट गई। एक तलज्जुज (लज़्ज़त) के अहसास से मदन ने कहा; "आज बरसों के बाद मेरे मन की मुराद पूरी हुई है, इंदु! मैंने हमेशा चाहा था।"

"लेकिन तुमने कहा नहीं," इंदु बोली : "याद है शादी की रात मैंने तुमसे कुछ माँगा था?"

"हाँ!" मदन बोला "अपने दुख मुझे दे दो।"

"तुमने तो कुछ नहीं माँगा मुझसे।"

"मैंने?" मदन ने हैरान होते हुए कहा : "मैं क्या माँगता? मैं तो जो कुछ

माँग सकता था वह सब तुमने दे दिया। मेरे अज़ीज़ों से प्यार, उनकी तालीम, ब्याह-शादी···ये प्यारे-प्यारे बच्चे···यह सबकुछ तो तुमने दे दिया।"

"मैं भी यही समझती थी," "इंदु बोली : "लेकिन अब जाकर पता चला, ऐसा नहीं।"

"क्या मतलब ?"

"कुछ नहीं···" फिर इंदु ने रुककर कहा : "मैंने भी एक चीज़ रख ली।"

"क्या चीज़ रख ली ?"

इंदु कुछ देर चुप रही और फिर अपना मुँह परे करती हुई बोली : "अपनी लाज···अपनी ख़ुशी···उस वक़्त तुम भी कह देते, अपने सुख मुझे दे दो···तो मैं···" और इंदु का गला रुँध गया।

और कुछ देर बाद वह बोली; "अब तो मेरे पास कुछ नहीं रहा···"

मदन के हाथों की गिरफ़्त ढीली पड़ गई। वह ज़मीन में गड़ गया···यह अनपढ़ औरत ?···कोई रटा हुआ फ़िक़रा···?

नहीं तो···यह तो अभी सामने ही ज़िंदगी की भट्टी से निकला है। अभी तो उस पर बराबर हथौड़े पड़ रहे हैं और आतिशीं बुरादा चारों तरफ़ उड़ रहा है।

कुछ देर के बाद मदन के होश ठिकाने आए और बोला : "मैं समझ गया इंदु···" फिर रोते हुए मदन और इंदु एक-दूसरे से लिपट गए। इंदु ने मदन का हाथ पकड़ा और उसे ऐसी दुनिया में ले गई जहाँ इंसान मरकर ही पहुँच सकता है···

मुक्तिबोध

यक़ीन मानिए, इसमें नंदलाल का ज़रा भी क़ुसूर न था। वह क्या करता, उसकी फ़िल्म 'अंबिका' चल गई थी !

मैं भी हद हूँ जो हिंदी फ़िल्म के सिलसिले में मंतक़ की बात करने जा रहा हूँ। इस पर मैं कहूँगा कि जिस मंतक़ (तर्क) से हिंदी फ़िल्म फ़ेल होती है, उसी से चल भी जाती है। जैसे उसे कोई ज़िद हो जाती है, चलने या न चलने की। ऐसी ही ज़िद में नंदलाल की पहली दो फ़िल्में पिट गई थीं, हालाँकि उनमें से एक में हीरोइन स्टूडियो की बरसात में भीगी भी थी, कपड़े उसके बदन के साथ चिपके भी थे। मालूम होता था, जैसे कपड़े एकाएकी कहीं नीचे चले गए हैं और बदन छटपटा के ऊपर आ गया है। भीगने से पहले कितनी मुफ़लिस और नादार-सी मालूम होती थी, लेकिन तब क्या मालदार नज़र आ रही थी वह। दूसरी फ़िल्म में हीरो ने ख़ाली हाथों, गुलदानों, सोफ़े की टाँगों, लैंपशेड, शेज़ेलियर की ज़ंजीरों और जाने किन-किन हथियारों से काउव्यॉय विलेन और उसके दर्जन-भर साथियों को फ़राश कर दिया था। कैसे वह उलटे शॉट में उछलकर मेज़नियन फ़्लोर पर पहुँच जाता था, जहाँ एक रस्सा होता है—हमेशा होता है, जिस पर वह झूलता हुआ फिर नीचे के दोज़ख़ में कूद जाता है। जभी विरोधी दल में से किसी ने आनन-फ़ानन उठकर पांगे से हीरो का सिर काट दिया—जी, बिल्कुल ही काट दिया—यानी सिर अलग और धड़ अलग। लोग हिरासाँ हो गए, अब क्या होगा ? अरे यह तो बिल्कुल ही मर गया। वह जानते थे कि फ़िल्म का हीरो मर ही नहीं सकता और फिर हरासाँ भी होना चाहते थे। हीरोइन को शादी किए बिना ही विधवा कर गया तो इस संसार का क्या होगा ? सृष्टि कैसे चलेगी ? मगर मानिए तो... कहाँ मरा वह... ? जभी देखने में क्रंकरीट की दीवार से देवी प्रकट हो गई और नृत्य के सब नियमों का पालन करते हुए हीरो के पास चली आई। उसके कटे हुए सिर को उसी नृत्य-मुद्रा में उठाया। ऐसे धीरज से

कि उसे दर्द न हो और फिर उसे धड़ के साथ लगा दिया। सिर लगते ही हीरो ने पहले एक छींक मारी, फिर उठा और 'हरी बोल' कहता हुआ एक तरफ़ यूँ चल दिया जैसे कोई बात ही नहीं ! कोई दुआ न सलाम, शुक्रिया न दंडवत। लेकिन तब हॉल में क्या तालियाँ पिटी थीं। अगर फ़िल्म के आख़िर में लोगों ने नंदलाल को पीट डाला तो उसकी वजह स्क्रीन प्ले की ग़लती थी... बात यह हुई कि देवी के हाथों से तो वह बच गया, लेकिन कुछ देर बाद बाहर जाकर समंदर में डूब गया।

तब नंदलाल कोई बी. ए. फ़ेल न था, जैसे अब 'अंबिका' के बाद वह पास नहीं। वह तो वही था। फाइनेंस ब्राकर, जो अपनी हाजतों के पेशेनज़र रुपया लौटा दिए जाने पर भी हुंडी वापस न करता। कहीं साल-एक के बाद उसे फिर अपने भुलक्कड़ असामी के सामने पेश कर देता। मगर एक बात है, नंदलाल तब भी पहले ख़ुद हर किसी को नमस्कार करता था, जैसे आज भी करता है। वर्ना फ़िल्मों में यह ख़िलाफ़े-वज़े-फ़ितरी बात है। यहाँ तो जो आपके सलाम का जवाब न दे, समझो उसकी फ़िल्म चल गई और अगर आपसे पहले विश करे तो घोटाला हुआ।

नंदलाल की शक्ल में कोई ख़ास बात न थी। हमारी-आपकी तरह का आदमी था वह। आम हिंदुस्तानी क़द, वही रंग-रूप, वही चेचक के दाग़ जो बचपन में बहुत नुमायाँ होते हैं, लेकिन जवानी में ताक़त पकड़ने में अपनी ही एक दाब, एक छाप होकर रह जाते हैं। बीच में अज़लात की सिकुड़न छोड़ जाते हैं। अलबत्ता, जिसमें आदमी बात करने में सिर को छोटे-छोटे झटके देता है, आप उससे उधार लेने जाएँ तो आख़िर दम तक यही लगता है, वह देगा, नहीं देगा, देगा, नहीं देगा...

गोंफा से सदियों तक आप हिंदुस्तानी सनों को जमा करें और उनकी तादाद से हासिल जमा को तक़सीम करें तो जो औसत निकलता है, वह नंदलाल की शक्ल है। नहीं, ऐसे शायद मैं आपको समझा नहीं पाऊँगा। आप यहाँ से ईरानी होटल 'कूलार' की तरफ़ चलें तो रास्ते में दो नुक्कड़ पड़ते हैं। उन पर लड़नेवाले हर तीसरे अललटप आदमी की शक्ल नंदलाल की-सी होगी। अब समझे ना आप ? ठीक है कृष्ण कन्हैया का एक नाम नंदलाल भी है, मगर कृष्ण कहाँ के गोरे चिट्टे थे ? वह भी तो भारतवर्ष में उत्तर और दक्खिन के मेल की एक नाकाम-सी कोशिश थे।

नंदलाल को अपने नाम के आमियाना (सामान्य, अशिष्ट) होने से बहुत

चिढ़ थी। मगर वह क्या करता? नाम भी तो वजूद की तरह आदमी के साथ यूँ चिपक जाता है कि एक ही बार उतरता है। वह चिढ़ दरअसल पैदा की गई थी। ऐसी हरकतें बिलउमूम औरतें करती हैं, अपने वजूद को भूलकर। फ़िल्मी लड़कियाँ उसे कहतीं; "क्या महाभारत के ज़माने का नाम रख दिया तुम्हारे माँ-बाप ने। अब अश्विनी कुमार को देखो, हम उसे प्यार से अशू-अशू तो पुकार सकती हैं। नंदू क्या अच्छा लगता है? मालूम होता है जैसे ठेंगा है।" चुनाँचे नंदलाल ने बाक़ायदा और क़ानूनी तौर पर अपना नाम देवेंद्र कुमार रख लिया। इस उम्मीद में कि रेहाना और जयश्री उसे देबू-देबू कहकर पुकारेंगी तो कितना अच्छा लगेगा। इस सिलसिले में उसने एक पार्टी भी की जिसमें स्कॉच चली, कबाब कॉर्नर से अफ़ग़ानी कबाब और टिक्के भी आए। पाँच-साढ़े पाँच हज़ार का ख़र्च भी हुआ, लेकिन नतीजा क्या निकला? हर दूसरे-तीसरे उसे कोई मिल जाता और कहता: "अरे नंदलाल, सुना है तूने अपना नाम बदल लिया है?" एक दिन रेणु आई जो पार्टी के दिन आउट डोर कर रही थी। बोली: "इतनी बड़ी पार्टी दी, नंदलाल जी और हमें पूछा ही नहीं।" बीवी कहती: "मैंने तो इसी से शादी की थी, मैं कोई दूसरा नहीं जानती। कोई मेम थोड़े हूँ मैं, जो आज एक के साथ हो और कल दूसरे के साथ। मेरा तो वही है…" और फिर पास बैठी हुई औरत नाम ले देती, "नंदलाल!" रोल माँगने के लिए एक्टर लोग दफ्तर में आते ही थे, चुनाँचे उस दिन भी देवेंद्र कुमार ईसर का नाम पढ़कर चला आया। बाहर स्टूल पर बैठे हुए चपरासी ने कहा: "हाँ, साहब अंदर हैं।" एक्टर अंदर जाते ही उन्हीं पाँवों वापस चला आया: "वहाँ तो कोई नहीं, वही नंदलाल बैठा है!"

नंदलाल का मकान मामूली था और बीवी भी मामूली, मगर कुछ नौ-दौलतों की बातें चली आई थीं उसमें। अंबिकाए जाने के बाद उसने नई कार ख़रीदी, लेकिन उसे बीवी की अर्दली में दे दिया और ख़ुद उसी खटारे में घिच-घिच करता रहा, क्योंकि वह लक्की था। स्पेयर जूतों की तरह से रहने पर भी नदलाल बड़ा मकान लेने से डरता था। इसलिए नहीं कि कल-कलाँ शायद उसी में लौटना पड़े, बल्कि इसलिए कि उसके भाग्य उदय होने का श्रीगणेश इसी लातूर भवन में के दो कमरों और बालकनी से हुआ था। चुनाँचे उसी की दीवारों पर उसने सख़्त चमकीले, भड़कीले, चकोमारवाड़ी रंग पोत लिए थे। फ्रिज़, टेलीविज़न तो आज हर अनंतराम, बेअंतसिंह के पास होते हैं, इसलिए कहीं तो इम्तियाजी शान पाने की फड़फड़ाहट और बीवी को ख़ुश करने की

लालसा में उसने अपन डबल बेड के पाये चाँदी से मढ़वा लिए और बीवी बार-बार पहलू बदलकर अपने पति की बेख़्वाबी का साथ देने लगी। सबकुछ कितना फ़रावाँ और कम-कम मालूम होता था। एक वह वक़्त था जब फ़र्श भी अर्श था उनके लिए और एक यह, जिसमें अर्श भी सिर पीटकर रह गया था। बहरहाल नंदलाल को जो भी करना था, इन्हीं दो कमरों में और जो नहीं करना था, वह भी इन्ही में।

नंदलाल के इर्द-गिर्द की सब चीज़ें आमियाना (सामान्य) बल्कि सोफ़ियाना होने के बावजूद एक चीज़ बड़ी अच्छी थी जो पूर्व जन्म के किसी फल में चली आई थी, और वह थी मॉर्निंग ग्लोरी की बेल, जो कैसी बेख़ुदी से उसके घर की दीवारों पर लपकी थी। उसमें स्कारलट ओहारा के फूल फूटकर हर आते-जाते के अंदर लाल बुख़ार पैदा करते थे। लोग आम तौर से यही समझते थे कि इस घर के बासी कितने ताज़ा हैं, कितने ख़ुशमज़ाक़ हैं। फिर उनके जलवे में रियाज़ करती हुई किसी लड़की की आवाज़ मिल जाती :

'पनघट पे नंदलाल मुझे छेड़ गयो रे!'

और सुधा, नंदलाल की बीवी उठकर सब खिड़कियों के पट बंद कर देती। फ़िल्मी इशतराकियत में कोई अकेला नहीं खाता—खा भी नहीं सकता। किसी के अंबिकाए जाते ही सबके कान हो जाते हैं और वह गगटोक की जोंकों की तरह से कुछ यूँ चिमटते हैं कि आदमी को पता ही नहीं चलता। इधर आदमी गिरता है, उधर जोंकें गिर जाती हैं। नंदलाल का-सा असील (कुलीन) आदमी यही कहता हुआ पाया जाता है : "अच्छा, तुम मेरे ताऊ के ममेरे बेटे हो, अच्छा? अच्छा? हाँ, हाँ, सुना था तुम्हारे बारे में। क्या करूँ यार, जब से 'अंबिका' चली है, मेरा फ़्यूज़ ही उड़ गया है। बस, देवी माँ की मेहरबानी है! क्या पियोगे?" और वह ममेरा भाई पीने की बजाय खाने बैठ जाता है और हमेशा खाता रहता है।

रात बीवी जब मियाँ के साथ भिचकर लेटती है तो कहती है : "हाय जी! तुम्हारे पिता का तो बड़ा भाई था ही नहीं कोई।"

"ऐं?" नंदलाल कहता है : "उनका कोई दोस्त होगा। सो जाओ, सिर मत खाओ मेरा।"

हीरालाल पाँचवाँ वर्ण है जो आदि से चला आया है। हैरानी की बात है कि वह मनु महाराज की गिनती में क्यों नहीं आया? पेड़ अलग, पत्ते अलग तो दीमक और अरज़ (रोग) भी अलग होते हैं।

और आज तो उस पाँचवें वर्ण के बिना वाफ़िर (प्रचुर) पैसे और अँबिका का कोई हल ही नहीं।

जितना आप उस कासालेस नस्ल को ख़त्म करने की कोशिश करेंगे, उतनी ही उसमें लचक, उतना ही चोंचलापन और मुफ़ाहमत पैदा हो जाएगी। कुछ देर के बाद काकरोच और चूहे ज़हर की गोलियाँ हज़्म करना सीख जाते हैं। आज कोई नहीं कह सकता कि उसे ख़ुशामद पसंद नहीं। नहीं, वह ख़ुदा से भी बड़ा हो गया है। फिर आप अगर पहलू बदलते हैं तो यह वर्ण भी नया पैंतरा पेश करना जानता है। आज का तुफ़ैलिया कभी भी सीधे-सीधे मर्द को अक़्लमंद और औरत को ख़ूबसूरत नहीं कहता। वह हमेशा कहता है—नाक कैसी भी है, मगर तुम्हारे चेहरे पर फबती है। भाभी, ख़ूबसूरती का यही मतलब नहीं कि रंग गोरा हो! आजकल तो…

रंडसाला—सारा दिन अपनी ज़बान और सामनेवाले के कान की मालिश करता रहता है। यह जो आदमी सुधा और नंदलाल के पास आया था, उसका नाम हीरा था। शायद लाल भी हो—हीरालाल। नासिर, जोशी, पांडे, रामनिवास के तरीक़े अलग थे और हीरालाल के अलग। वह फ़िल्मों में प्लेबैक सिंगर होने आया था। हीरा आज के ज़माने का आदमी था। उसकी शक्ल मॉड थी और अक़्ल भी मॉड। उसके बाल बेतरह लंबे थे और घने, घिनावने। इंसान के होने के बजाय वह किसी घोड़े के मालूम होते थे। मगर ब्रिलक्रीम की करिश्मासाज़ी से इताअतपज़ीर (आज्ञाकारी) होकर वह कुंडल और कड़ियाँ बनकर काँधे और गले में लटक रहे थे। हीरालाल, जिसका मुक़द्दर पाँचवाँ वर्ण था, यूँ पहले वर्ण का आदमी था। ब्राह्मण। उसका रंग खिलता हुआ था और सुर्ख़ भी, जैसे पल्ले से पी हो। गोल चेहरे को लंबी क़लमों ने फ़्लैंक कर रखा था। यूँ मालूम होता था जैसे वह राजभवन है, जिसके फाटक पर गार्ड हाथों में बंदूकें लिए खड़े हैं। बुशर्ट उन्नाबी, फ़्लेयर्ज़ सीमाबी—ऐसा तज़ादनादारी (दरिद्रता से प्रतिकूल) की वजह से होता है और या फिर उस वक़्त जब आदमी कपड़े की हद से गुज़र जाता है और फ़न के औज को छू लेता है। उसकी सप्तम का 'सा' कहीं गले में बैठ गया था। जब वह गाता तो औरतों में कोई बेनाम से जज़्बे पैदा हो जाते।

हीरालाल की भी एंट्री फ़िल्म जगत में आबाई जायदाद को बेचकर आने से हुई। उसने भी फ़िल्म बनाई और, ख़ुदा आपका भला करे, मार खाई। उसके गिर्द भी पाँचवें वर्ण के बीसियों आदमी जमा हो गए और उसे जीनियस साबित

करके चलते बने। कितने साँप लोटे होंगे हीरालाल के सीने पर, जब अपनी ही फ़िल्म में उसे पापुलर प्लेबैक सिंगर को लेना पड़ा, क्योंकि म्यूज़िक डायरेक्टर नामी था और उसने ज़िद पकड़ ली थी। यहाँ कोई किसी नए आदमी को आज़माने की हिम्मत नहीं रखता, यह जानते हुए कि किसी वक़्त वह भी तो नया था और किसी ने उसे चांस देने की हिमाक़त की थी। एक ख़ला और ख़ौफ है जो हर आन फ़िल्म इंडस्ट्री के अज़हान (दिमागों) का अहाता किए रहते हैं। बड़े-बड़े भी किसी दूसरे बड़े के सहारे बड़े पकाते हैं।

हीरा को ग़लतफ़हमी थी कि उसकी फ़िल्म उस बड़े प्लेबैक सिंगर की वजह से पिटी। उसका यह वहम ख़ुदपरस्ती पर नहीं तो और किस बात पर मुबनी (आधारित) था? वह यह जानना ही न चाहता था कि फ़िल्म की आमरियत (निर्देशन) में प्लेबैक सिंगर तो एक मअदनी (कानी) शै है, पैसे की आक्सीजन बनाने के लिए जिसे इस्तेमाल किया जाता है; असल बात तो हीरो है और हीरोइन—और कहीं-कहीं बीच में डायरेक्टर।

रह-रहकर हीरा को मुक्तिबोध की याद आती थी। वह होते तो उसकी यह दुर्गत न होती। मुक्तिबोध अपने ज़माने के टॉप के म्यूज़िक डायरेक्टर थे। कभी पूरे देश में उनकी धुनें गूँजी थीं। लेकिन जब से चोरी-यारी रिवाज हुए, वह पिछड़ गए। तारेयुश के उस क़ानून में वह यकज़ोजा आदमी—उम्र-भर एक ही महबूबा को निहारते रहे, जो अब उनका मुँह चिढ़ाती, उन्हें गाली देती थी और जिसका नाम था संगीता भारती।

इस पर भी मुक्तिबोध उसी जोशो-ख़रोश से ख़लाक़ी की बातें करते थे। लोग उन्हें मुँह पर तो कुछ न कहते लेकिन कुछ दूर जाकर हँस देते। उनकी ग़ज़ल तक का भेस अब भी पहाड़ी, तिलक कामोदया गोड़ी पूरबी होता। हालाँकि आज का तक़ाज़ा था कि सिर शोपाँ का हो, धड़ हैरिसन का और पाँव···किसी के भी।

हीरा का बाल-बाल क़र्ज़ में बिंध गया था और अब वह उस मंज़िल पर पहुँच गया था जिसमें आदमी आख़िर बेहयाई इख़्तियार कर लेता है। कपड़े झाड़कर उठता और तशन्नुजी (ऐंठी हुई) अंदाज़ में पूरे बाज़ू फैलाकर कहता है—कुछ नहीं है मेरे पास देने को। बिगाड़ लो जो बिगाड़ना है मेरा। सेठ लोग सोचते, अब इसका और बिगड़ ही क्या सकता है? हौसलेवाले उसके लिए दुआ करते, पच्चीस-पचास और भी देकर जाते, थुड़वे दीवारों से सिर टकराते और या फिर कचहरियों में धक्के खाते।

कभी एक हाथी मेरे साथी को हीरा ने फ़्लैट लेकर दिया था। एहतियाज में हीरा उसी में उठ आया, लेकिन वहाँ भी फ़ोन पर फ़ोन आने लगे। यह आला जो करोड़ों का कारोबार करता है और या फिर आशिक़ों की चू-चू मू-मू की तरसील, हीरा के लिए फनेरा साँप हो गया। आख़िर एक सुहानी सुबह को हीरा के परवरदे (पालतू) ने उसका सामान उठाकर सड़क पर रख दिया, जो सामान भी न था।

वहाँ, राशन की दूकान के नुक्कड़ से, जो अब हीरा का रैनबसेरा हो गया था, एक ही ख़ूबसूरत चीज़ दिखाई देती थी—नंदलाल के मकान पर लपकी हुई बेल!

मगर जब 'अंबिका' शुरू भी नहीं हुई थी तो हीरा ने नंदलाल को आते-जाते देखा था। यह 'मबादा' (ऐसा न हो/एक दुआ) के अंदाज़ में उसे नमस्ते करता था और वह 'शायद' के अंदाज़ में जवाब देता। फिर पब्लिक लैट्रिन के नल से धोए बनाए हुए कपड़ों में हीरालाल श्री रोकड़ा के पास गया, जो बहुत ही नामी प्रोड्यूसर था। लेकिन उसने अपने इस नियाज़मंद को देखने तक की परवा न की। हीरा कुछ समझ गया। जब तक कोई आदमी ख़ुद को किसी के लिए नागुज़ीर (अपरिहार्य) न बना ले, काम चलते हैं भला? उसने रघु दलाल से दोस्ती दोहरा ली और नाज़ सनीमा के पास कॉफ़ी हाऊस में जाने लगा, जहाँ कसीली कॉफ़ी की एक प्याली और भुने/सड़े हुए केशवंट के चंद दानों पे फ़िल्मवालों की क़िस्मत बन या बिगड़ जाती है। रघु ने हीरा की मदद करने का वादा किया। हीरा आख़िर दम तक यही समझता रहा, रघु वह सब मेरे लिए कर रहा है। मगर वह तो रोकड़ा के अँगूठे का निशान चाहता था।

अपने सेठ से बात कर लेने के बाद रघु हीरा के साथ रोकड़ा के यहाँ पहुँचा। इतने कम सूद पर किसी को पैसा मिले तो कौन छोड़ता है? जितना बड़ा प्रोड्यूसर हो उतना ही सूद कम लगता है और जितना सूद ज़्यादा हो उतना ही प्रोड्यूसर कम हो जाता है।

रोकड़ा को फ़ोन हो चुका था। जब हीरा और रघु, बल्कि रघु और हीरा उसके पास पहुँचे तो उन्होंने ख़ुद आकर दरवाज़े पर इस जोड़ी को रिसीव किया। अपने फ़िल्मी सेट के-से ऑफ़िस में चैक टी सेट में उन्होंने ख़ुद अपने हाथों से चाय बनाई और पिलाई। बातों में जब रोकड़ा साहब ने कहा : "हाँ, हाँ, मैं हीरालाल जी को बड़ी अच्छी तरह से जानता हूँ"—तो दोनों, हीरालाल और रघु ने एक-दूसरे की तरफ़ देखा । हीरा ने नाज़ से, रघु ने नियाज़ से । फिर अँगूठे का

निशान यानी दस्तख़त वग़ैरा हुए, रक़म इस जेब से उस जेब में गई और दोनो ख़ुश-ख़ुश लौटे। कुछ ही दिनों में हीरालाल को पता चल गया।

हीरालाल ने देखा, उसकी असली जगह वही है जहाँ रोकड़ा साहब का चपरासी बैठता है। बाहर वही दरवाज़े पर की सुर्ख़ बत्ती साहब के मसरूफ़ होने की निशानदेही कर रही थी। हीरा बाहर बैठा हुआ सोच रहा था कि साहब मसरूफ भी रहेगा तो कितना। दो घंटे, चार ··· पाँच ··· उसे ख़बर न थी, घंटे दिन में बदल सकते हैं और दिन महीनों में।

बीच में रघु ने हीरा को इस आलम में देखा भी और कहा : ''तू तो कहता था रोकड़ा तेरा बड़ा यार है, यार ?''

''वह तो मैं अब भी यही कहता हूँ,'' हीरालाल ने घबराकर जवाब दिया ''आख़िर इंसान है, इससे कभी मसरूफियत हो ही जाती है।''

हे भगवान, मुझे आख़िर चाहिए क्या था ··· यही ना, एक प्ले बैक, रोकड़ा के पास।

यह ऐसे ही था, जैसे कोई मुफ़लिस ऊपर देखकर कहता है : 'अल्लाह ! मैं तुझसे आख़िर माँगता ही क्या हूँ, यही दो रोटियाँ ना ?'

हीरा की फ़रियाद उस मुफ़लिस की फ़रियाद से भी ज़्यादा अंदोहगीं (दुखद) थी। ग़रीब ख़ुदा के साथ जुआ खेलता भी है तो स्टेक क्या होता है उसका ··· यही दस पैसे ना ?

रोकड़ा दूसरे करोड़ की फ़िक्र में है। मैं अभी पहले करोड़ की ··· और हँसी, जो रोना भी न थी।

पैसा उसके पास आता है जिसके पास पैसा हो। इसलिए हीरा भीख माँगकर भी कुछ पैसे जेब में डाल लेता था, सौगंध लेकर कि वह इस गदागरी को पेशे के तौर पर कभी इख़्तियार नहीं करेगा।

काम उसके पास आता है, जिसके पास पहले ही काम हो। इसलिए हीरा सरीहन झूठ बोलता था : 'पाँच पिक्चरों में प्ले बैक दे रहा हूँ मैं। कोई शुरू नहीं हुई, कोई हो रही है।' गोया उसने तीन रुपए कमाए, जिनमें दो खोटे थे और एक चल नहीं रहा था। जो चल नहीं रहा था, उसे तीन सर्राफ़ों को दिखाया, जिनमें से दो अंधे थे और एक को दिखाई नहीं दे रहा था, वग़ैरह ···

बीच में हीरा की मुक्तिबोध से भी मुलाक़ातें हुईं। यह कि उनकी हालत और भी ख़स्ता हो गई है। हीरालाल को उनकी बातों से पता चला ··· बरपशम क़लंदर (एक गाली) ! जिसे मेरे पास आना है आए, नहीं आना न आए। मैं ना

गया किसी के पास । ग़ज़ब ख़ुदा का, यह घमसान का म्यूज़िक देने के बाद भी अगर लोग मुझे भूल गए हैं तो भूल जाएँ । और फिर, यह हो क्या रहा है दुनिया में ? झूठ का मोल है, सच अनमोल होकर रह गया है ।

मुक्तिबोध को चाहिए था घर से बाहर निकलते, ताकि उसे देखकर ही किसी को तो भूले-बिसरे याद आ जाए । और कुछ नहीं तो खुली हवा से फेफड़े ही साफ़ हो जाएँ ।

एक बार वह निकले भी ··· और तो और, उसी संगीता भारती ने कूड़े की टोकरी उनके सिर पर ख़ाली कर दी !

पैसे को औरत चाहिए तो औरत को पैसा चाहिए ।

उसके बाद मुक्तिबोध अंदर ही अंदर अपने आप में सिमट गए, जहाँ उन्हें अपने ही लहू का संगीत सुनाई देने लगा ।

हीरालाल उनके पास बैठा था, जब मुक्तिबोध ने अपने मस्तक की तरफ़ इशारा करते हुए कहा : "जो यहाँ लिखा है हीरा, वह मिलकर रहेगा ।"

हीरा ने मुक्तिबोध के माथे की तरफ़ देखा, जहाँ चंद बेरब्त लकीरों के सिवा कुछ भी न था । बाएँ तरफ़ एक घुंडी-सी बनी थी । शायद उसी ने क़िस्मत के बहाव को रोक लिया था । जभी कुंडली देखनेवाले पंडित मुक्तिबोध के पास से उठकर चले गए । जैसे उनका भी सहारा चले जाने पर उन्होंने झल्लाकर हाथ हारमोनियम पर मारा और थोड़ी 'आ-आ-आ' के बाद एक ग़ज़ल शुरू कर दी, जो पीलू में बाँधी गई थी :

'क्या जानिए क्या हो गया अरबाबे-जुनूँ को
मरने की अदा याद न जीने की अदा याद ।'

ख़ुशू व ख़ुजू (गिड़गिड़ाहट) के आँसू मुक्तिबोध की आँखों से बह रहे थे, जिसने हीरा के भी बंध खोल दिए । यह वह दिन थे जब नंदलाल की 'अंबिका' हिट हो गई थी । हीरा ने जल्दी से अपने आँसू पोंछे —आइडिया !

नंदलाल बुरी तरह से पाँचवें वर्ण में घिरा हुआ था, जबकि हीरालाल बड़ी ख़ामोशी से आकर नियाज़मंदाना एक तरफ़ बैठ गया । साहब सलामत तो हो ही चुकी थी, मगर नंदलाल उसे आगे बढ़ने देना न चाहता था । वह पहले ही गजू, डांडेकर, फ़िरोज़ और उनके क़बील के लोगों से घबराया हुआ था । जैसे हर अमीर आदमी की बीमारी में मुलाक़ाती डॉक्टर, हकीम और वैद्य बन जाते हैं,

ऐसे ही सब लोग उसे आइंदा के लिए मशवरे दे रहे थे। अगर नाकामी में नंदलाल कुछ सोच भी सकता था तो अब कामयाबी में वह बिल्कुल कन्फ़्यूज़ हो गया।

नंदलाल जब दूसरों से बातें कर रहा था तो हीरालाल अपनी कमीनगाह से नज़र में उस पर फ़ोकस करने लगा, जैसे वह किसी मिसमिरेज़्म, (तांत्रिक विद्या) के गुर जानने लगा हो। एहतियाज (ज़रूरत) आदमी को क्या कुछ नहीं सिखा देती।

उचटकर नंदलाल की नज़र जो हीरा पर पड़ी तो वह अपनी निगाहें हटा ही न सका। जैसे उस नौवारिद (नवागंतुक) में कोई ख़ास बात हो।

"क्या हाल है?" नंदलाल ने तकल्लुफ़न पूछ ही लिया।

अपनी जगह पर कसमसाते हुए हीरा ने वहीं से डोरी पकड़ ली : "बस कृपा है अंबा जी की।"

नंदलाल चौंक गया। उसे यूँ लगा जैसे अंबा माँ ने ख़ास तौर पर उसे उसके यहाँ भेजा है। अंबा माँ जिसने छः लाख के ख़र्च पर करोड़ लौटाए। फिर वह डर गया...कहीं यह भी तो वह नहीं है?

महीना-भर हीरा ने अपना ईदिया (नैकट्य) नंदलाल से छुपाए रखा, जिससे नंदलाल में एक अजीब नफ़सियाती उलझन पैदा हो गई। वह अब तक लोगों की फ़रमाइश और अपने इनकार का आदी हो चुका था। हीरा ने काम भी पकड़ा तो नंदलाल के नए दफ़्तर का। वह पाई-पाई पर इंटीरियर डेकोरेटर से लड़ता। पच्चीस हज़ार के ख़र्च पर नंदलाल उसे पाँच हज़ार एडवांस देना चाहता था, लेकिन हीरालाल ने उसके हाथ रोक लिए और उसे पाँच सौ में निपटा लिया। कुछ दिन के बाद फिर उसे एक हज़ार दे दिया—आख़िर सामान तो हमें ही देना है, उसे तो सब अपने दिमाग़ ही से निकालना है ना। वही दलील, जिसकी वजह से कोई फ़नकार अपने पेशे से रोटियाँ नहीं निकाल सका। लेखक को साथ में प्याज़ की दूकान ज़रूर खोलनी चाहिए।

और ऐसा होता भी है कि जो आदमी पैसे के लिए लटकाया जाता है, ज़्यादा तंदिही से काम करता है। फिर हीरा ने सुधा भाभी से पूजा का मामला तय किया। नंदलाल सुधा को हमेशा इगनोर किया करता था। लेकिन अब यह हीरा ही की वजह से था कि सुधा को दफ़्तर की मुहूर्त-प्रमुख रखा गया। पूजा में तो वह थी ही थी, लेकिन दूसरी बातों में भी सबसे आगे। असल में वही देवी थी जिसके पाँव की ख़ैरात से नंदलाल बना। सैकड़ों लोग नंदलाल के लिए नहीं

'अंबिका' की कामयाबी की ख़ातिर आते थे। वह पहले सुधा को नमस्कार करते थे, जिससे उसे अपना वजूद ज़रूरी, खूबसूरत और अंबिका मालूम होने लगता था।

हीरा ने इस क़दर ख़ूबसूरत तरीक़े से नंदलाल को गुरगों से बचाया तो नंदलाल के दिल में उसके लिए इज़्ज़त बढ़ गई। फिर आया वह आईडिया का दिन!

दिन अभी शाम में ढल न पाया था कि नंदलाल ही के घर में हीरा ने इशा की नमाज़ की तैयारी शुरू कर दी। इस वक्त वह वुज़ू कर रहा था, जब कि नंदलाल चौंका : "तुम मुसलमान हो?"

"नहीं तो।"

"तो फिर···यह?"

"मैं सीख रहा हूँ, नमाज़ कैसे पढ़ी जाती है।"

"वह किसलिए?"

"मैं एक मुस्लिम सब्जैक्ट बना रहा हूँ, नंदलाल जी···" हीरा ने कुछ रुकते हुए कहा : "दरअसल मैं इसका टाइटिल इंपा में रजिस्टर्ड करवा आया हूँ।" और उसने जेब में से रसीद निकाली। वाक़ई टाइटिल हीरालाल पंडित के नाम रजिस्टर्ड था, और वह था : सजदा।

"अरे!" हीरा ने एकदम कहा, जैसे कोई भूली हुई बात एकदम उसे याद आ गई और जो पहले ही कौंदे (बिजली) की तरह से लपककर नंदलाल के दिमाग़ में आ चुकी थी और इसीलिए मुनतबिक़ (अनुकूल) हो गई : "यह फ़िल्म आपको बनानी चाहिए। आप जो किसी बात का फ़ैसला नहीं कर पा रहे हैं, आज हो गया फ़ैसला! बात यह है, 'अंबिका' बनाने के बाद आपने पूरी हिंदू क़ौम को राम (वशीभूत) कर लिया है, 'सजदा' से पूरी मुसलमान क़ौम को रहीम कर सकते हो।"

"हीरालाल···"

"जी···नंदलाल जी?"

"टाइटिल···!"

"टाइटिल मेरे नाम है तो क्या हुआ? आपके लिए तो मेरी जान भी हाज़िर है।"

"नहीं, मैं सोच रहा था···टाइटिल बहुत धाँसू है।"

जभी हीरालाल को पता चल गया कि वह निशाने से थोड़ा आगे ही निकल

गया है। चुनाँचे उसने बातों में उलझाए रखने की बात सोची। यूँ भी दिन-भर इधर-उधर झक मारने से नंदलाल की मुदाफ़अत की सब क़ूव्वतें ख़त्म हो चुकी थीं। फिर उस वक़्त वहाँ कोई दूसरा था भी नहीं। सुधा भाभी जी के साथ साज़िश करके उसने आने-जानेवालों के ताँते को बिखेर दिया था। उस वक़्त वह नंदलाल और उसके ख़ुदा या देवी के बीच अकेले थे। हीरा कहे जा रहा था : ''मुसलमानों के उठने-बैठने, उनके कल्चर में वह बात है जो हिंदुओं को भी बहुत पसंद आती है... देखो ना, बेटी कैसे बाप को आदाब कहती है और साथ में अब्बा हुज़ूर भी। सामने आकर भी कितना ख़ूबसूरत पर्दा है जो आज के नंगेपन में कहाँ है?''

''मैं समझ गया।''

''नहीं, आप नहीं समझे... मुसलमान जो भाषा इस्तेमाल करते हैं, वह कितनी सुंदर है। शकीला बानो भोपाली जब क़व्वाली करती हैं तो गुजराती हिंदू भी पागलों की तरह से दाद देते हैं, चाहे एक लफ़्ज़ भी उनकी समझ में नहीं आता।''

''उसकी बात छोड़ो--वह सब समझा देती है।''

इस पर नंदलाल और हीरा दोनों मिलकर हँसे। उन्होंने देखा कि सुधा भी कबर्ड के पीछे खड़ी हँस रही है!

फिर मुशायरे पर बात चली आई, जिसके सामने कवि सम्मेलन का रंग नहीं जमता।

तो—'अंबिका' के बाद 'सजदा'... बीच में नात, कव्वाली, मुशायरा, कोठा, ग़ज़लें, चूड़ीदार, मुक़य्यश (गोटे) लगे लहराते हुए दुपट्टे, और आख़िर... पैसा!

बात हो चुकी थी, मगर नंदलाल का क़ुदरती हरबा आड़े आ रहा था—यानी कि सिर के झटके। कभी लगता था फ़िल्म बनेगी, कभी नहीं बनेगी, बनेगी, नहीं बनेगी...

म्यूज़िक डायरेक्टर के तौर पर मुक्तिबोध जी का नाम तजवीज़ हुआ था, इसलिए कि वही एक ऐसे आदमी थे, जो हीरालाल के प्ले बैक सिंगर बनने के ख़्वाब पूरे कर सकते थे। हीरा ने नंदलाल के सामने अपनी बात ही न की, क्योंकि अंदर से वह जानता था कि मुक्तिबोध आ जाएँगे तो वह ख़ुद भी आ जाएगा। उसका चांस सेंट-परसेंट है। नंदलाल का एतराज़ था कि इसमें कोई शक नहीं कि मुक्तिबोध-ऐसा संगीतकार इंडिया ने अभी तक पैदा नहीं किया, लेकिन आजकल वह बिकते नहीं। दूसरा, हिंदू होने के नाते वह नात कैसे

बनाएँगे ? प्ले बैक सिंगर भी चोटी का होना चाहिए, क्योंकि उर्दू भाषा में 'क' दो तरह के होते हैं, जिनमें से एक गले से निकलता है और दूसरा—दूसरा नामालूम कहाँ से ? ऐसे ही 'सा', 'आ'—अर्क़े-उशबा (हरी घास का सत) को ठीक से बोलें तो अत्तार (दवा बेचनेवाला) का लड़का कहेगा : 'है तो मेरे पास, पर इतना गाढ़ा नहीं है'... और हीरा काँप गया।

लेकिन जैसे-तैसे इतने बड़े आदमी को, जिसकी 'अंबिका' हिट हो गई थी, मुक्तिबोध के घर ले ही आया। नंदलाल ने बड़ी अक़ीदत (श्रद्धा) से उनके चरण छुए ! मुक्तिबोध ने व्हिस्की और दूसरे लवाज़मात का बंदोबस्त कर रखा था। जितनी देर यह सब लोग पीते-पिलाते, पीते-खाते रहे, मुक्तिबोध मुस्लिम कल्चर ही की बातें करते रहे। आख़िर तय हुआ कि गुरुवार के रोज़ उनसे कांट्रैक्ट करेंगे, क्योंकि वही दिन देवी माँ का है। नंदलाल ने जाते हुए भी इतने बड़े मैस्ट्री के पाँव पर सिर रखा और मुक्ति जी को यक़ीन हो गया कि उस दिन उनका कांट्रैक्ट हो ही जाएगा। दोनों लाल चले गए, पीछे वही दो टूटरू रह गए। लेकिन आज उस बुढ़िया संगीता ने अपने बुड्ढे के लिए गाजर का हलवा बनाया था।

फ़िल्मी दुनिया में हर ख़बर जंगल की आग की तरह फैलती है। जहाँ इतने बड़े प्रोड्यूसर की तस्वीर में म्यूज़िक देने के लिए लोग मुक्तिबोध के पास आने लगे, वहाँ क़र्ज़ख़्वाह भी, जो मायूस हो चुके थे। मुक्तिबोध सबको कहने लगे : ''आप गुरुवार के रोज़ आ जाइए और अपना हिसाब ले जाइए''... और फिर : ''नहीं-नहीं, गुरुवार नहीं, मेरा ख़याल है अगले मंगल। बात यह है, नंदलाल चैक में पैसे देगा तो वह सनीचर को बैंक में पड़ेंगे और आप तो जानते हैं, उस दिन कोई क्लियरेंस नहीं होती। सोमवार को चैक जाएगा और मंगल की शाम को मेरे बैंक में आएगा, इसलिएं बुद्ध ही को आएँ तो अच्छा है।'' मुक्तिबोध हैरान हुए कि किसी को उनकी यह बात बुरी नहीं लगी।

रात जब मुक्तिबोध सोने लगे तो एक अजीब-सा शुक्रगुज़ारी का जज़्बा उन पर रेंगने लगा... आख़िर भगवान ने सुन ली मेरी। दीनानाथ शास्त्री, ज्योतिषाचार्य तो कहते भी थे कि बस आपके ऐसे दिन आनेवाले हैं कि आप पहले के शिखर से भी ऊपर पहुँचेंगे। एक नहीं शायद आपको पाँच-छ : कांट्रैक्ट भी मिलें। हो सकता है राज दरबार की तरफ़ से मान भी प्राप्त हो। बस जब आपके चाँद पर से मंगल गुज़र जाएगा तो पत्नी की तरफ़ से भी चिंता न रहेगी और गुरु के मार्गी होते ही लक्ष्मी आपके घर डेरा डाल लेगी। फिर उन्हें बीवी का ख़याल

आया। वह हँसे⋯एक घर में दो औरतें कैसे रह सकती हैं?

सिटी सिविल कोर्ट से एक टाँच भी मुक्तिबोध जी के यहाँ की सब चीज़ों प लगी थी। जब लाल ब्राद्रान वहाँ थे तो बुढ़िया ने किस सफ़ाई से सब चीज़ों पर लगी हुई टाँच की चिप्पियाँ छुपा दी थीं। किसी पर मेज़पोश डाल दिया था, किसी पर चादर। अगले ही रोज़ बैलिफ़ वग़ैरह को कुछ दे-दिलाकर मुक्तिबोध जी ने सामान पर क़ब्ज़ा और नीलामी की तारीख़ अगले हफ़्ते तक मुल्तवी करवा ली थी।

गुरुवार के दिन भी नंदलाल ही को मुक्तिबोध जी के यहाँ आना था। पाँच बजे शाम का वक़्त था। जब छः साढ़े छः हुए तो हीरालाल की शक्ल दिखाई दी। उसने बताया कि नंदलाल को लेबोरेट्री में 'अंबिका' के नए प्रिंट बनवाने थे, इसलिए देर हो गई। बात यह है, इस फ़िल्म 'अंबिका' के डेढ़ सौ प्रिंट बनवाए और निगेटिव घिस गया। इसलिए हम एक प्रिंट से ड्यूप निकालकर उससे कापियाँ बनवाएँगे। ड्यूप से जो प्रिंट निकला है अंकल, उसके मुक़ाबले में पहला प्रिंट भी कुछ नहीं। आप मेरी ख़ातिर इस कोताही को भूल जाइए। आप मेरी मदद तो कर ही रहे हैं, थोड़ी और कर दीजिए और वह यह कि आप नंदलाल जी के घर ही चले चलें⋯आनाकानी का कोई बहाना ही न रहे। देखिए आपकी इज़्ज़त मेरी इज़्ज़त है और मेरी इज़्ज़त तो कुछ है ही नहीं। आख़िर वह इतना बड़ा और कामयाब प्रोड्यूसर होकर आपके घर आया ही था ना। आपके चरण भी छुए ही थे ना।

मुक्तिबोध जी शायद कुछ सोचते मगर बुढ़िया ने उन्हें कोई मौक़ा ही न दिया। तसला जिसमें चावल रखते थे, उसे ख़ाली दिखा दिया। मुक्तिबोध उठे और हीरा के साथ चल दिए। जब हीरा कह रहा था : "मेरे प्ले बैक की बात अभी नहीं, बाद में कीजिएगा, जब आपका कांट्रैक्ट हो जाए।"

लातूर भवन में नंदलाल की बीवी सुधा ने उनकी ख़ातिर वग़ैरा की। दस बजे तक ज़िंदगी के वह दो किनारे आपस में इधर-उधर की हाँकते रहे। फिर ग्यारह बज गए, बारह! और ख़ून मुक्तिबोध के सिर को आने लगा। मैंने ग़लत किया : 'चलो कोई बात नहीं। कभी एक झूठ में से दस सच भी पैदा हो जाते हैं! मगर नंदलाल आख़िर इनसान है और इनसान से मसरूफ़ियत हो ही जाती है।⋯नंदलाल को ले ही आओ। परमात्मा, नहीं मौत का बैलिफ़ कैसे टलेगा?

नंदलाल अपनी उसी घिच-घिच करती मगर लक्की गाड़ी में उस वक़्त, यानी कि रात के एक बजे आया जबकि मुक्तिबोध ऐसी-तैसी कहकर चलने ही

वाले थे। नंदलाल लँगड़ा रहा था। पता चला अचानक पेचिश हो जाने से उसे डॉक्टर के पास जाकर सरयन के ऊपर टीके लगवाने पड़े, जो अभी दर्द कर रहे थे। शुक्रवार देवी माँ का दिन है, नंदलाल ने बताया, और उस रोज़ वह व्रत रखते हैं। सुबह से कुछ खाया ही नहीं। मुक्तिबोध ने कहा : "पहले खाओ, फिर बात करेंगे। आख़िर इंसान इतनी दौड़-धूप करता किसलिए है ? बहू ! चावल में दही ज़्यादा देना ज़रा !" और मुक्तिबोध ने किसी इज़तिरार (मजबूरी) में अपना हाथ पेट पर रख लिया और उसे सहलाने लगे।

हीरा और मुक्तिबोध टेरस पर बैठे थे, जहाँ उन पर ओस पड़ रही थी।

"यहाँ ओस पड़ रही है, अंकल !" हीरालाल ने कहा : "अंदर न चले जाएँ ?"

मुक्तिबोध बोले : "नहीं बेटा, उसका तो कुछ नहीं, वह हमारी उम्मीदों पर न पड़े, बस…" और फिर वह खिसियानी-सी हँसी हँस दिए।

सबकुछ हो जाने के बाद नंदलाल आया और दोनों हाथ जोड़कर मुक्तिबोध से माफ़ी माँगी। इसलिए नहीं कि वह लेट हो गया था, बल्कि पैसे लेट हो गए थे : "अभी तक तो बंदोबस्त नहीं हुआ, मगर बुद्ध तक ज़रूर हो जाएगा।"

जाने मुक्तिबोध जी ने कैसे कह दिया : "कोई बात नहीं, बेटा ! बुद्ध कौन-सा दूर है ?" हालाँकि उनके दिमाग़ में दलाल, सेठिए, बैलिफ़ क्या कुछ घूमने लगा था और उनसे ज़्यादा अपनी बुढ़िया, जो घूम ही नहीं रही थी।

बाक़ी ज़िम्मेदारी हीरा की थी कि वह बुढ़ऊ को समझा दे कि पैसा कोई आसानी से ढीला नहीं करता। 'अंबिका' में करोड़ का बिज़नेस ठीक है, लेकिन वसूली भी तो कोई चीज़ है ? पच्चीस हज़ार तो दफ़्तर की इंटीरियर डेकोरेशन में लग गया है। अरे साहब, डिस्ट्रीब्यूटर और पैसा दें ? क्या-क्या झूठे वाउचर और हिसाब नहीं बनाते ? शहर-शहर, गाँव-गाँव जाकर चैकिंग करनी पड़ती है। इसके लिए एजेंट रखें तो उसे पाँच सौ-हज़ार से क्या कम देंगे ? अगर डिट्रीब्यूटर उसकी जेब में पाँच हज़ार डाल दे, साथ शराब पिलाए और कोठे पर गाना सुनने के लिए ले जाए तो बताइए वह एजेंट आपका हुआ या डिस्ट्रीब्यूटर का ? ईमानदारी नाम की यहाँ कोई चीज़ ही नहीं। एक ही ईमानदार एजेंट मिला था, चैकिंग के एक हफ़्ते के अंदर जिसकी लाश टॉयलेट से मिली !

ख़ैर, हीरा कैसा भी था मगर था तो मुक्तिबोध जी ही का बहीख़्वाह (शुभचिंतक)। साथ नंदलाल का भी। हालाँकि यह सब झूठ है… असल में वह अपना ही ख़ैरख़्वाह था।

लातूर भवन के टैरेस से उठकर चलते हुए मुक्तिबोध जी ने सिर्फ़ इतना ही कहा : "यह काहे की बेल है ?"

"मार्निंग ग्लोरी की !" नंदलाल ने जवाब दिया।

मुक्तिबोध जी ने अपनी नज़रें बचाते हुए कहा : "तो फिर ईवनिंग ग्लोरी की भी कोई होगी ?" और फिर वह हँस दिए, चल दिए।

हीरा में बाक़ी तो सब ठीक था, लेकिन एक बात ग़लत थी। उसने मुक्तिबोध जी की पूरी रक़म और साइनिंग अमाऊंट भी ख़ुद ही तय कर दी थी। जैसे वह, मुक्ति जी, कोई बात ही नहीं··· ज़ालिम ! पूछ तो लिया होता ? फ़िल्म में जो आता है, रिश्ते जगा लेता है। अरे भाई, हमें अपना बेटा नहीं ब्याहना है। यह कमर्शियल दुनिया है। इस हाथ से काम लो, उस हाथ से दाम दो। और बस··· इससे पहले यह बकवास कभी न हुई थी। हुई भी तो हमने कांट्रैक्ट फाड़कर खिड़की से बाहर फेंक दिए। और अब ? वह जिगर अब मैं कहाँ से लाऊँ ?—यह हीरा ? कहता है मैंने नंदलाल को कह भी दिया कि अंकल का तो कुछ नहीं, वह दरवेश आदमी—अरे दरवेश को क्या हाजत नहीं होती ? फिर—फ़िल्मी दुनिया ग्रुप से चलती है। आप एक बार इस ग्रुप में घुस तो जाइए, अंकल ! 'अंबिका' ग्रुप—आज के सबसे बड़े और कामयाब प्रोड्यूसर नंदलाल का ग्रुप—अरे, बड़े नंदलाल आए और बड़े गए—इसके ज़रिए आपको दस तस्वीरें मिलेंगी। अरे वे—मुझे इसी एक की ज़रूरत है, बाद की दस और बीस की नहीं—कभी मेरा भी वक़्त था, जब तुम्हारे-ऐसे आदमी को हफ़्ता-हफ़्ता बाहर बिठाए रखता था। कहीं ग़लती से वह अपना थोबड़ा मेरे कमरे में ले तो आए, मैं चिल्लाकर कहता था—गेट आऊट ! गेट आऊट !

और अपने घर में बैठे हुए मुक्तिबोध सचमुच चिल्ला उठे—गेट आऊट···

बुढ़िया हड़बड़ा के उठी—क्या हुआ !

मुक्तिबोध की साँस धौंकनी की तरह से चल रही थी—वह माथे पर से इनफ़आल (पसीने) के क़तरे पोंछ रहे थे।

वही हो रहा है, जो तेरे-ऐसे खूसट का होना था—बुढ़िया ने कहा और वापस अपने बूढ़े बिस्तर पर लेट गई।

जिस दिलेरी से तक़ाज़ा करनेवालों को मुक्तिबोध जी ने बुद्ध का वक़्त दिया था, उसी बेहयाई से अगले सनीचर का दे दिया (चैक बुद्ध को बैंक में पड़ेगा, तो··· वग़ैरह)। हैरानी की बात यह कि बीसियों ही आए मगर टाले जाने पर किसी ने उफ भी न की। क्या इरादे थे उनके ? वह शोर मचाते, नालिश की

धमकी देते, मगर यह चुप ? राम जाने यह सब मिलकर क्या करनेवाले हैं ? मुक्तिबोध काँप रहे थे।

बुद्ध के रोज़ मौऊदा (वादे के अनुसार) वक़्त पर हीरा नंदलाल की पत्नी सुधा के साथ चला आया। सुधा के हाथ में मिठाई का डिब्बा था जो उसने मुक्तिबोध जी के आगे रख दिया—मुँह मीठा कीजिए, अंकल !

मुक्तिबोध और उनकी बुढ़िया ने डिब्बा ले लिया और इंतज़ार करने लगे।

हीरा बोला—''मैं आपके घर में इन लक्ष्मी को ले आया हूँ''... और उसने सुधा भाभी की तरफ़ इशारा किया... सुधा भाभी से बड़ी लक्ष्मी क्या होगी ? बात यह हुई कि नंदलाल ओवर फ़्लो लेने के लिए कलकत्ता चले गए हैं। हफ़्ते-भर में लौट आएँगे। जाते समय उन्होंने ताकीद की कि मुक्तिबोध जी को मेरा अचानक चल देना बुरा न लगे, इसलिए तुम मेरी बीवी को ले जाना और साथ ब्रजवासी के यहाँ से रस-मलाई का एक डिब्बा भी—अपनी औरत से बड़ी आदमी की इज़्ज़त क्या होती है ? मुक्तिबोध जी ने सर हिलाया और बोले—'हूँ,' और एक नज़र अपनी बुढ़िया की तरफ़ देखा—उनमें पुराने जलाल के दिन फड़फड़ाकर रह गए।

इधर हीरा और सुधा गए, उधर टाँचवाले घर से रेडियोग्राम, स्पीकर, टेप रेकार्ड, हारमूनियम, सितार, फ़र्नीचर और कुछ बर्तन उठाकर ले गए... उसका क्या है, मुक्ति जी ने सोचा, दस दिन में पैसे आ जाएँगे तो चीज़ें भी लौट आएँगी, जब तक उन्होंने नीलाम न कर दी हों तो... कर भी दी हों तो नई ख़रीदेंगे। आख़िर एक आदमी ने अपनी औरत, अपनी इज़्ज़त मेरे घर भेजी है। इससे बड़ी बात और क्या होगी ? यह कोई आज़माइश हो रही है। हो सकता है दस दिन में नंदलाल कलकत्ता से लौट ही आए।

जब टाँचवालों ने घर की चीज़ों पर हाथ डाला तो मुक्तिबोध की बुढ़िया ने एक दिलदोज़ चीख़ मारी और उसके बाद बेहोश हो गई। यह अच्छा ही हुआ, अगर वह होश में होती तो दूसरों के होश ठिकाने कर देती। वह मुग़ल्लज़ात (अश्लील गालियाँ) सुनाती कि बस।

दस दिन बीत गए लेकिन नंदलाल कलकत्ता से न लौटा। अब हीरा मुक्तिबोध जी से बचता फिर रहा था—नंदलाल का हाथ रोकने और मुक्तिबोध को पैसा दिलवाने के बीच में वह कहीं बँटकर रह गया था। उसे अपना आदर्श दूर हटता, ख़ुद में कहीं गुम होता हुआ नज़र आ रहा था। नंदलाल कहीं उससे भी खेल तो नहीं कर गया ? नहीं, वह ऐसा आदमी तो नहीं है। हीरा ने एक बार

मुक्तिबोध को मिलकर बताया कि ओवर फ़्लो झगड़े में पड़ गया है, इसीलिए नंदलाल नहीं आया। मग़र आएगा ज़रूर, कुछ दिन में, कहाँ जाएगा ?

मुक्तिबोध जी हीरा की बात पर होंठ भींचकर सिर्फ़ एक ही कहते रहे—हूँ ! लेकिन जब हीरा चला जाता तो अपने आप से कहते—मुक्ति ! तुझे क्या हो गया है, क्यों नहीं तू इन पिल्लों को ठुड्डे मारकर बाहर निकाल सकता ? अब रह ही क्या गया है··· ?

इसी सिलसिले में एक दिन मुक्तिबोध जी ने दुलारे, अपने शागिर्द को भेज कर उस्ताद क़लबे अली का सितार मँगवाया, जिस पर हाथ रखते ही वह सब कुछ भूल गए। बजाते हुए कैसे वह उस साज़ से लिपट-लिपट जाते थे। मालूम होता था जैसे उनके बाजुओं में कोई महबूबा है जिस पर झुक-झुककर, जिसे चूम-चूमकर, जिस पर उँगलियाँ दौड़ा-दौड़ाकर, वह किसी नई ज़िंदगी के सुर निकाल रहे हैं—बुढ़िया देख रही थी और कबाब हो रही थी। यहाँ की औरत, वहाँ की औरत की हमेशा हासिद (इर्ष्यालु) रही है—यह कि उसे अपनी ज़ात (अस्मिता) में खोकर, अपने मालिक में मुदग़म (लीन) होकर उसकी मलिका हो जाना चाहिए। सब बातें हैं—वह तो अपने मियाँ की हरदिलअज़ीज़ी से भी जल-भुनकर राख हो जाती है···

एक झाले के बाद यकदम मुक्तिबोध जी ने सितार एक तरफ़ रख दिया और फिर वही अपने आप पर रहम—इस पर भी तू यह सब अपने आप से होते देख रहा है मुक्ति—क्यों नहीं तू नंदलालों से कह सकता—नहीं चाहिए मुझे तुम्हारा 'सजदा', जो सज़दा ही नहीं···

फिर उन्हें रुस्तम के आख़िरी दिन याद आ जाते, जिनमें वह रोता और सिर ऊपर उठाकर, हाथ फैलाकर कहता—अल्लाह ! कहाँ गए वह मेरे दिन, जब मैं चलता था तो मेरे पाँव ज़मीन में धँस-धँस जाते थे। और आज ?

फिर वह नात, जिसकी धुन अपनी बेकारी के दिनों में मुक्ति जी ने निकाली थी, जिसे गाते हुए उन्होंने बीच में सब बंद कर दिया। यह भैरवी, यह टोडी—क्या मियाँ की और क्या बीवी की और क्या खमाच ! सब बकवास हैं। क़ुरान की भी तो आयत है : जिस रुख़ ज़माना फिरे, उसी रुख़ फिर जाओ··· मैं नहीं फिर सकता, मेरी हड्डियाँ बूढ़ी हो गई हैं; जो टूट सकती हैं, मुड़ नहीं सकतीं।

नहीं ! मैं यह नहीं करूँगा—मैं नहीं मुर्ग़े बाद गर्द, मैंने अपने संगीत, अपनी माँ से प्यार किया है, ईश्वर ! औरतें बीसियों, सैंकड़ों हो सकती हैं, माँ सिर्फ़

एक··· क्या मैं भूखा भी नहीं मर सकता ? यह आज़ादी मुझसे कोई नहीं, कोई नहीं छीन सकता···

नंदलाल दस दिन बाद भी न लौटा। बीच में हीरा मुक्तिबोध जी के घर का तवाफ़ (परिक्रमा) करता रहा। मगर उनका दरवाज़ा खटखटाने, अंदर जाने की उसकी हिम्मत न पड़ी। शायद वह मुक्तिबोध जी से इतना न डरता था जितना उनकी बुढ़िया से।

अब के जो हीरा आया तो एक तार से मुसल्लह (हथियारबंद) तार कलकत्ता से आया था, जिसमें लौटने की तिथि-वार सभी लिखे थे। उस दस्तावेज़ को काँपते हुए हाथों में लेकर मुक्तिबोध फिर कुछ भूल गए··· और आँखें सिकोड़ कर कहीं दूर देखते हुए बोले—हूँ···।

हीरा अंदर से जानता था कि अगर मुझे मुक्तिबोध जी की ज़रूरत है तो उन्हें भी मेरी और नंदलाल की··· मुक़र्रर तारीख़ को नंदलाल वाक़ई चला आया। हीरा उसे घेर-घारकर मुक्ति जी के यहाँ ले ही आया। उसके हाथ घंटी पर पड़े। बहुत देर तक अंदर से कोई आवाज़ न आई। आख़िर पता चला कोई आ रहा है। दरवाज़ा खुला तो सामने बुढ़िया थी जो उन्हें पहचानने की कोशिश कर रही थी। उसकी आँखों में काँच था। सारे चेहरे पर परछाइयाँ फैली थीं और झुर्रियों में कोई सिलट जमी थी, जैसे तूफ़ान और बाढ़ के बाद छोटे-बड़े नदी-नालों में जम जाती है।

बुढ़िया ने उनको जाने के लिए कहा न बैठने के लिए। इस पर भी वह अंदर जाकर बैठ गए।

हीरा ने पूछा : "अंकल कहाँ हैं आंटी ?"

पहले तो वह ऐसे ही बिड़-बिड़ देखती रही। आख़िर बोली—जाने कहाँ खप गया है, बुढ़ऊ··· उसे तो मौत भी नहीं आती··· क्या-क्या टोने न किए मैंने···

तीन घंटे इंतज़ार के बाद नंदलाल चैक समेत लौट गए। हीरा ने और कोई देर देख लेने को कहा, मगर नंदलाल राज़ी न हुआ। उठते हुए नंदलाल ने तसल्ली के लिए जेब में हाथ डालकर देखा, चैक वहीं था। हीरा की हालत अबतर थी अलबत्ता। इतनी मेहनत से बनाई हुई उसकी इमारत ढह गई थी। जिस ठेकेदार को उसे बनने के लिए दिया था, उसने सीमेंट से ज़्यादा रेत उसमें मिला दी थी।

हीरा गुमसुम जा रहा था कि दूर से उसके कान में कोई धुन सुनाई देने लगी, जो पीलू में बँधी थी···

हीरा ने नंदलाल से पूछा, "आपको कोई आवाज़ सुनाई नहीं देती ? उस एंटोप हिल के पीछे से, जहाँ अरब सागर है ?" नंदलाल ने सुनने की कोशिश की और बोला– नहीं तो··· हाँ··· नहीं तो···

• • •